楊馥祤 編著

泰雅 生◦活◦誌

泰雅耆老口述歷史

Atayal

記錄桃園復興泰雅族耆老們
如何在動盪的時代
順應變遷
演繹出獨有的生活型態⋯⋯

晨星出版

作者序

　　2018 年 8 月，在桃園市立介壽國中陳昭惠主任的邀請下，我參與了該校的「夏日樂學田野調查」暑期課程教學，瞭解學生對泰雅嫁娶文化的興趣，以及對過去泰雅先人生活方式感到好奇的部分。我把這群泰雅孩子想要探索的問題記在腦海，心想有一天能逐一訪談耆老們，解開他們心中的疑惑。我沒想過，這個願望這麼快就能實現。

　　2018 年 9 月，感謝復興區公所的邀請，使我有機會協助訪談在地耆老，作口述歷史記錄。時間快速地往前邁進，就在訪談即將屆滿一年前，我從復興區織女尤力‧阿茂的口中得知，泰雅族口述傳統保存者黃榮泉耆老已在 2019 年 2 月辭世，這才使我從忙碌的日子中驚醒。歲月無情地摧折了耆老們的容顏與記憶，為了防止復興區過往美好的泰雅文化最終只能被黃土埋葬，我開始著手整理、編輯、重新書寫口述歷史文稿，以期為復興區的泰雅孩子們留下祖輩珍貴、值得紀念的舊時光。

　　老實說，書寫本書的內容和分析耆老們生活的歷史脈絡不是一件容易的事，過程中難免有很多不完美和缺漏，但我盡可能多次尋訪在地耆老和專家學者們的建議，並對照文獻史料，希望這本書能為泰雅文化的學術研究帶來一些微薄的貢獻。

　　這本書能夠出版，要感謝的人實在太多。首先，我要感謝教育部在大學社會責任實踐計畫的經費支持，與國立

中央大學網路學習科技研究所陳德懷講座教授對我執行教育部大學社會責任實踐計畫的無限包容，我才得以在善盡大學社會責任之餘，從事如此有意義的泰雅文化研究。

我也要感謝書中十位復興區耆老們不吝傳授我這個外來者豐富的復興區在地故事與泰雅傳統文化，以及復興區巴崚國小族語老師陳松明耆老的泰雅語翻譯和泰雅知識補充；感謝復興區前鄉長張廷晟耆老對書中泰雅語詞彙的教導與校對；感謝臺大人類學系王梅霞教授在桃園學研討會對復興區泰雅文化研究方向的揀點；感謝復興區長興國小許梅珍校長為本書提供的寶貴教育建議；感謝復興區的師生們，讓我瞭解紀錄和保存泰雅文化是如此重要且刻不容緩的事；感謝游靖儀、蘇星燕兩位同事協助拍攝訪談耆老過程與資料檢核；感謝復興區公所辦事員吳拓農先生訪談期間一路陪伴及分享自己身為泰雅人在成長過程中的特殊經歷，使我對泰雅人的身份認同有更深層的理解；更感謝晨星出版有限公司主編徐惠雅小姐的賞識與支持本書出版。

在此要特別感謝桃園市復興區立圖書館靛‧吉駱館長不吝與我分享他的復興區在地生活經驗，提供我許多泰雅文化的諮詢與資料，在在豐富、滋養本書的內涵。最後，謝謝復興區這塊土地上曾經幫助我、讓我更認識復興區泰雅生活與文化底蘊的每一個人。

楊馥祤　　2020.05.06

CONTENTS • 目次

一、緒論

　　桃園市復興區是桃園市唯一的山地區，在 1920 年至 1945 年間台灣日治時期隸屬新竹州大溪郡，舊稱「角板山」，現為桃園市山地原住民區，屬於泰雅族賽考列克（Squliq）系統，是明末清初時期由現今南投縣仁愛鄉遷移而來。

　　復興區公所歷年來為了紀錄和保存泰雅文化資產，固定訪談耆老，將祖訓和耆老的生活智慧透過拍攝影像紀錄與印製成冊加以留存，作為未來區史參考文獻和推廣泰雅文化之佐證。過去紀錄主題著重於部落歷史事件、傳說故事、吟唱技巧、祖先訓誡、地名、部落遷移、傳統技藝和祭儀等主題，此次希望稍加改變主題，作者歷經與復興區立圖書館靳・吉駱館長多次討論後，確定延續之前桃園市復興區介壽國中學生的研究主題，著重在耆老們重視的 gaga、嫁娶文化、泰雅族過去日常生活樣貌和令耆老印象深刻之部落故事，並且平衡記錄兩性的生活經驗與思想觀念，首次加入女性長者的觀點。

　　在區公所擬定訪談名單後，主要以復興區後山的三光里、高義里和華陵里過去較少受訪的耆老和女性長者為主，但同時納入文化部認證泰雅史詩 lmuhuw 人間國寶澤仁里林明福耆老，以及泰雅傳統文化傳承者，林明福耆老的長子林恩成耆老，和泰雅口述傳統文化保存者，長興里已故黃榮泉耆老。2018 年 10 月中，我踏上了訪問復興區耆老口述歷史的旅程。

（一）研究方法

1. 訪談前

　　閱讀復興區史料與泰雅族相關資料，擬定四大面向訪談問題：嫁娶文化、祭儀文化、童年生活、部落故事，並與靚·吉駱館長協調訪談地點，希望儘量以耆老家為主，以方便拍攝居住環境、泰雅文物和照片翻拍。

2. 訪談中

　　由於復興區公所希望保留耆老們的傳統泰雅語調，因此訪談時耆老們必須以泰雅語回答，由陳松明耆老翻譯成中文，筆者再依照回應內容，視情況深入追問。

　　因為有些耆老過於年長，無法回憶過去的生活，或是因身體因素，口語表達困難，或是成長過程因為宗教規範，不太接觸祭典儀式，甚至避談傳統泰雅文化，筆者會在訪談中視情況調整訪談內容，改以耆老們生活經驗或對統治年代、社會變遷等等提出自己的看法。

　　過程中以攝影機錄影、錄音筆錄音，作者同時撰寫訪談筆記，作為後續分析的參考，訪談結束後，會請耆老們提供照片、證書、獎狀、手稿、書籍、歷史資料或生命紀錄，將重要影像翻拍、保存，以便後續影像分析及歷史佐證。

3. 訪談後

　　將關鍵族語翻譯，詢問復興區族語老師張廷晟、靘·
吉駱館長，並查閱原住民族委員會開放之「原住民族語言
線上詞典」相互對照。整理逐字稿後，依照耆老口述歷史
內容重新分類編輯，對同一問題作跨個案回應呈現，使讀
者更瞭解不同年代或男女性別的個別化差異。對具有歷史
爭議的內容，作者查證史料和耆老們的著作後加以修正或
補充，同時對照不同年代影像照片和當代特殊歷史事件，
瞭解耆老們所處時代之政治或宗教影響，以應證口述歷史
之正確性。

（二）研究對象

　　原先只有訪談十位耆老，陳松明耆老負責翻譯泰雅
語，但是陳松明耆老經常對受訪耆老的回應提供當代的背
景資料與生活經驗補充，因此將陳松明耆老同時納入研
究對象之中。男性有 8 名，女性有 2 名，受訪者最小 65
歲，最大 90 歲，平均為 79 歲，由於耆老年紀最大和最小
相差 25 歲，八位耆老出生於日治時期，三位耆老出生於
國民政府統治時期，從耆老們口述父執輩和自我生長時代
的生活，反應了這 25 年復興區莫大的世代變化。各受訪
耆老之基本資料如下：

表 1　耆老基本資料

姓名	性別	里	出生年／月	年齡
林明福	男	澤仁	19.7	90
黃榮泉	男	長興	21.10	88
陳松本	男	華陵	24.1	85
林高淑瑞	女	三光	24.4	85
陳簡初美	女	三光	25.2	84
高隆昌	男	三光	29.12	80
葉陳阿秀	女	高義	30.9	79
姜元國	男	高義	30.12	79
陳松明	男	華陵	37.9	72
林恩成	男	澤仁	43.1	66
范振興	男	高義	44.3	65

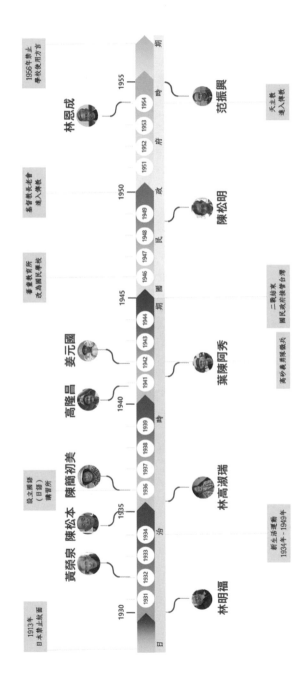

▲圖1　復興區泰雅族耆老出生時間表。楊馥祠製圖。

（三）章節說明

本書的章節安排順序，先從泰雅人過去遵奉的「祖訓規範：gaga」開始，讓讀者瞭解 gaga 牽涉的範圍、影響力及耆老們的觀點。在這裡要特別提醒讀者，由於耆老們接受宗教的洗禮已深，有許多觀念可能來自宗教規範的調整與修正。接著花一些篇幅將耆老們過去聽聞與親身經歷的泰雅「嫁娶文化」模式，依照耆老出生年代順序逐一介紹，讓讀者瞭解從傳統泰雅生活到日本統治時期，再到國民政府統治時期，泰雅族的婚姻在形式上及觀念上經歷了哪些改變，該章節末也針對特定項目作總結與評論。

在「日常生活」之章節內容包羅萬象，包含過去泰雅人的食、衣、住、行、育、樂等各種面向的分享。「傳統工藝」部分，著重在耆老們自製泰雅傳統工藝品之介紹及日治時期工具，由於篇幅之限制，本書以呈現泰雅工藝品之照片為主，輔以耆老們的編織和織布生活敘事。最後一章「部落故事」，記錄了耆老們在復興區生長過程中印象深刻的事件，讓讀者得以瞭解過去復興區泰雅族的生活文化及地域特殊性。

二、祖訓規範：gaga

奉行祖訓，平安順利

（一）gaga 是最高原則

遵循祖先叮嚀 gaga，獲得 utux 祝福

　　我們祖先之中，有一個大領袖叫做 LkmButa，他帶領我們從南投經過梨山，到了台中和南投的交界，叫做思源啞口（quri Sqabu），當他們要離開的時候，LkmButa 就告訴這些子弟：「我們將來恐怕再也沒有機會在一起了。」所以他特別叮嚀：「不管你們到哪裡，第一，彼此一定要和諧相處，第二，不要有隔閡，第三，你看到新地的時候，一定要在那邊好好生活，這樣你們的孩子就會像箭竹一般繁衍。」這是祖先的教導。你看到山或水，一定要在那邊好好守著祖先告訴我們的 gaga 生活規範，遵循祖先的訓詞，不可以隨便，我們的子孫才會繁衍，才會眾多，這裡面的經驗是很深奧的。

　　我們泰雅很重視 utux，不管走到哪裡，我們都有一種信仰，就是 utux，我們宗教信奉 utux Kayal，是天上的護神，我們泰雅有很多 utux，utux bnkis。我們會呼求天上的護神，不管你做什麼，你出你入一定要先求 utux 的祝福，得不到祝福就會遭殃，這是我們一定要遵循的生活方式和準則。

　　我們泰雅早期很嚴肅遵守過去祖先遺留下來的 gaga，這是規範，也可以說是律法。過去的方式是很嚴謹的，雖然現今朝代有制訂法律，但是因為時代變遷，生活方式改變，人所訂的法律都會被扭曲、違反，這種法律不可能完

全約束我們的生活。

——林恩成

孝敬父母

我們祖先的 gaga 傳下來對我也有很好的影響，對子女的教育就是孝順父母、尊敬父母，因為以前的 gaga 就是這樣規定。

——陳松本

違反 gaga，必遭報應

泰雅 gaga 對我生活最好的影響是，因為有 gaga，我們生活作息都不可以隨便照自己的意思做，老人家規定一些做事規則，生活才會有條不紊。

gaga 包羅萬象，包括我們的生活準則和禁忌，比方說不可以犯姦淫、偷盜，以前是很嚴謹的，你做的話，有人詛咒你，你的後代子孫會遭到不幸。犯姦淫是很嚴重的事，若是殺人，以後也一定會慘死，你違反 gaga 就會遭受報應。但是現在 gaga 幾乎都斷層了，我建議一定不可以忘記 gaga，要傳承下來。

——陳簡初美

守護貞操

以前男女生相處就是依循 gaga，沒有特殊的狀況，很保守，女人一定要守貞操。

——葉陳阿秀

二、祖訓規範：gaga

泰雅古訓

泰雅古訓中交代後代子孫該做什麼，不要做什麼。

第一，不管你怎麼遷居，你都不可以亂倫。所謂亂倫就是近親結婚，或者是犯姦淫，後果是你會有意外傷亡。所以古訓告訴我們子孫，不管你到哪裡，「要認清媽媽的乳頭」，意思是要分清楚血脈。

第二，你們不管到哪裡，不能以背相對，用板子把你們隔離，意思要同心合一、互助合作，否則後代子孫就不能像竹筍一樣地繁衍。

第三，你們不管到哪裡，要認清小鋤頭，意思是說你要認清你的土地，不可以侵犯別人的土地，你要認清爸爸、媽媽用小鋤頭在哪邊耕作，不能去搶別人的。

第四，如果你聽聞誰家有女初長成，要請長者拄著溫柔的「柺杖」前去提親。

第五，如果與人有紛爭，要以菸葉、小米酒尋求合解，不要懷恨在心。

——陳松明

▲圖 2　人們的紛爭要靠酒杯尋求合解。2019 年 12 月 18 日，楊馥祤翻攝自桃園市復興區 108 年度泰雅祖靈祭系列活動第一集 DVD。

（二）祭典儀式

播種祭嚴禁碰針，以防農作欠收

　　我親身體驗的泰雅祭儀，一個是播種祭，我們叫Sm'atu，可以由家庭自己做。我看過媽媽和爸爸到家裡附近，在一個整好地的小區塊作播種、灑種、埋種的動作，這時候一定要切記，無論是女孩子或男孩子，那段時間都不能碰到針，你一碰就好比針刺到你的農作物，表示這個農作物會欠收，這是禁忌。

——葉陳阿秀

　　我小時候沒有參與播種祭，只知道爸爸到園子旁邊，或是家附近開一塊小園地，象徵性地做播種的動作。

——姜元國

感恩祭不能動刀，以免見血

　　感恩祭就是一個家族或這個地方會訂時間從事祭祖、感恩的儀式。我們一定會事先談好、家家分工去山上狩獵，去河裡捕東西，整個家族一起來做感恩祭。在花蓮阿美族他們叫豐年祭，我們泰雅叫做感恩祭。

　　在我的記憶中，感恩祭這天男的都不可以動刀，不可以拿釘子、武器，像鋤頭、鐵器這一類的東西，因為這是

感恩的日子。你不能動，你一動的話，這一天恐怕也會受傷，我們叫做見血，所以作祭儀那天男人們都不能動刀子、動什麼東西。

——姜元國

早年喪父，部落破例給女性參加

我看過的祭儀是 Smyus，就是感恩祭，又叫收穫祭。感恩祭在傳統的嚴格禁忌裡，一般女生不能參與，不過我是特例，因為我爸爸很早就過世了，我們家裡沒有父親，可是每一個家庭都一定要派代表參與，在這種特殊狀況下，我們的族群才允許我們這麼做，所以我跟媽媽就和整個部落一起做感恩祭。

▲ 圖 3　108 年度桃園市復興區泰雅祖靈祭 Smyus 祈福儀式準備工作，耆老們在包祭品。2019 年 12 月 18 日，楊馥祠翻攝自桃園市復興區 108 年度泰雅祖靈祭系列活動第一集 DVD。

▲ 圖 4　林明福耆老（右一）和其他耆老們拿取祭品，準備繫在祭樹（qhuniq rpi）上。2019 年 12 月 18 日，楊馥祠翻攝自桃園市復興區 108 年度泰雅祖靈祭系列活動第一集 DVD。

　　Smyus 的時間很早，大約凌晨四點就要去。要帶一些祭品（rpi），像小米酒，還有用野桐葉（abaw lihang）包一些肉、小米，就像現在的粽子一樣，但是它小小塊的。我去的時候有碰過祖靈的靈火，因為有火光出現，所以我確認祖先真的來接受我們的祭品，跟我們一起共享祭品。

▲ 圖 5　108 年度桃園市復興區泰雅祖靈祭 Smyus 祈福儀式，林明福耆老和其他耆老們將祭品繫在祭樹上。2019 年 12 月 18 日，楊馥祠翻攝自桃園市復興區 108 年度泰雅祖靈祭系列活動第一集 DVD。

祭儀儀式轉變為宗教形式

　　不過現在都是宗教主導，宗教有感恩祭，像我們是基督教，以前會把像小雞、羊、鴨、小米、瓜果類祭品通通擺在教堂裡面作感恩獻祭，現在都用代金，用金錢代替。

　　我們泰雅文化有很多的禁忌，以前有 gaga 會中規中

矩，不會去刻意觸犯 gaga 的禁忌，我們會懂自己的本分。以前會限制什麼能做、什麼不能做、什麼不能吃，但是我們接受宗教以後，就沒有這些東西了，我們只有一顆虔誠的心在教堂，當然以前的文化也有相關聯的部分。因為我四歲就接受基督教，整個泰雅文化我幾乎淡忘掉了，但是我覺得接受宗教文化很好。

——葉陳阿秀

（三）狩獵禁忌

入山狩獵必備物：小米酒、飯或鹽巴

我們泰雅族的狩獵文化有做陷阱和帶獵狗，像我們以前打飛鼠，我們泰雅的 gaga 要求入山以前身上一定要帶小米酒、飯或鹽巴，假如不遵照我們泰雅的 gaga，你就會空手回家。因為你去狩獵，你一定要有獵物回來，不然家裡會空等。

以鹽巴懇求祖靈赦免

以前泰雅的 gaga 要求入山狩獵，到山頭之前不能隨便開玩笑，要很嚴謹、很嚴肅，不能隨便說話，也不能說嬉笑的話。有一次我們去狩獵，去打飛鼠，當中有人貪了幾杯，跟夫人談話時，說了一點刺激、不悅的話，他們去狩獵，沿路根本就打不到，沒有收穫。當時我在山上，想到我們泰雅的 gaga，我身上剛好有鹽巴，就用手把鹽巴灑在地上，說話懇求 utux 赦免。gaga 就是說：「我帶了這個鹽巴來跟你分享，我乞求你，雖然那人有一些不悅的話語，但是要赦免。」我就把鹽巴一灑，之後那一段路就馬上打了七隻，馬上就有收穫。我們都是這樣，你到山上一定要先分享，因為山中都有 utux，有祖靈。

坦誠糾紛，避免出獵

在平地，漢人都說有山神、水神、樹木的神，都是用

神，但是我們泰雅是用 utux，這是比較嚴謹的。我們要去狩獵，要帶獵狗。狩獵前，長者會集合，商量我們什麼時候要入山，準備好東西，準備好要帶幾隻狗，然後這個長者他會審問：「這幾天你家庭有沒有家庭糾紛？你跟誰有沒有什麼不愉快的事？」那種狀況一定要很坦誠，因為你不坦誠，你到山上也是會受傷，所以他會坦誠說：「我有跟我的內人吵架。」這時長者會說：「好，沒有關係，這一次你就不要去好了，免得我們去山上一隻獵物都沒有，家人在家裡等著，卻沒有收穫。」

遵守 gaga，出獵平安

有些年輕人不懂 gaga，很隨性到山上，尤其是原住民狩獵前一定要喝個幾杯，他們用嬉笑的心態、不嚴謹的行為，沒有遵守祖先的 gaga 規矩，結果有的受傷、摔倒。

前幾天有人拿獵槍誤扣板機，把自己打死了，就是因為他們不懂到山上該做什麼，我要敬奉誰，誰要給我東西，他們不重視 gaga，所以我們一定要守住 gaga 的忌諱、規範。

做虧心事出獵，影響家族安危

以前我們要去狩獵，家族裡面有人犯了姦淫、緋聞，老人家會來問。如果做這個事情的人不承認，這種狀況下，我們這一家族的祖先、長輩會說：「好，某天我們到山上去，我們去狩獵、做陷阱。」我們到山上以後，有做

虧心事的人回來，連一隻老鼠都抓不到，那肯坦誠的人、很誠實的人他會滿載而歸。這個就是明證，絕對沒辦法作偽證。沒有收穫的人回來，長輩會說：「你的收穫在哪裡？」沒有，空手而歸。這樣一審問，就是你做虧心事。一個家族不允許有這樣的事情，因為這會感染、影響整個家族的安危。這個是很嚴重的事，不能開玩笑。

——高隆昌

一切自由心證

以前族人類似共同體，很多事情是大家共同承擔的，你不能一個人做自私的事，像偷盜也一樣，以前沒有審判官，也沒有警察，你偷了人家東西不承認，那我們到山上去，你回來沒有東西，完全用你的心靈、誠實的心來決定。我們到山上，你的心地一定是很平順，沒有一些疙瘩。要穩重，祖靈才會保佑。

——陳松明

入山先祈福，祖先佑豐收

大約在我十幾歲的時候，曾經跟著祖父到山上學習做狩獵陷阱，祖父教導我們上山有很多規矩和禁忌。我們要入山狩獵，到一個山頭，第一個一定要做的動作是祈福，我們求祖先保佑這一天的狩獵工作能夠順利進行，這是一

定要做的，假如不做的話，我們大概得不到祝福。

——林恩成

互相分享，有捨有得

　　以前泰雅族都不會以背相對，就是說我們泰雅族最會分享，因為你不分享，人家也不會分享給你，這是相對的道理。比方說男人去山上打獵，回來的時候，他在山上一定先準備一小包、一小包煮好或沒煮的獵物，假如在下山途中碰到人，不管男、女，他都會說：「我們請坐一下，稍待會兒我們休息一下。」休息完才會說：「我謝謝神明給我祝福」，他就會分享給你，哪怕是一點點，還請你悅納。分享是我們泰雅族最好的一種道德，就像我們家裡有東西，在家裡菜園種的瓜果，我們都互相分享，因為在這個小圈圈裡面一定要相愛、合作。

——姜元國

　　我們泰雅社群都是有愛心的，比方說你有什麼大獵物，像大山豬，一定要分享給村莊，不會自己獨享，但像小老鼠、小鳥不會分。另外，以前我們泰雅社會的重要節慶，家家戶戶會把自己有的東西搬出來，跟大家一起分享，以前這些東西不是作為經濟來源，獲得的東西一定得分享給大家。像狩獵回來，一定要準備一些東西，在路上

碰到人的時候跟他人分享，假如你擦身而過，下次再去就會整個槓龜，都沒有收穫，這個是很忌諱的東西，一定要分享。

——范振興

二、祖訓規範：gaga

（四）馘首／出草

遵循 gaga，迅速成功

日本來之後就沒有馘首了，我的年代也沒有。過去馘首的年代是很嚴謹的。泰雅有一句話講 m'gaga，gaga 是規範、法令，嚴峻的 gaga 就是法律的意思，你要遵守法律做事。前面有一個 m，m 就是要去做這個 gaga，要做這個法律，做，動詞，m'gaga，動詞不是隨便，你要去做法律、規範，不能隨便去，只要你心理上沒有準備好，有很多事情沒有處理好、和解好，不能隨便去做，要大家都有那個使命、決心和信心。

m'gaga 的意思是去從事這 gaga，從事這個法令。在馘首年代，原住民有這樣一個規範，去做這個事前，要把很多的事情處理好。過去絕對是按法規 m'gaga，遵守我們泰雅的法令去執行，才可以成功狩獵和馘首。

萬一我們要去，有人有一件事跟對方有些恩怨，還沒有處理好，這個人絕對不能去，因為他去不但沒有完成任務，可能連自己都會受傷，或在途中被人家殺。假如事情沒有處理好，雙方硬要去的話，沒關係，告請祖先，你可能犯過錯，沒有處理好事，這個人去的話理虧，泰雅有一個律法在，你沒有按規定遵循這個 gaga，你去絕對會發生事情，回來也會發生事情；但是你遵守 gaga，去的人很快就會回來，絕對成功。

——林明福

出草原為守護家園，後為稱英雄

　　早期泰雅祖先沒有鼓勵我們出草，出草真正的本意是保護家園。以前我們家園周遭有樟腦樹，樟腦要做藥，整棵都要弄倒，外人會來砍，我們泰雅族人為了要保衛家園，防範別人一步一步侵犯泰雅族的疆域，才以一個團體做防衛，不是個人去山上看到人就殺。但是後來變成一種慣性，一種稱英雄的方式，受人家稱讚說你是真正的泰雅人，變成大家爭相把獵到的人頭用架子排起來，說弄得越多表示你是英雄，以前這樣是為了受人稱讚。

　　但是出草會有報應的，殺人的後遺症一定是子孫滅亡，會絕種、絕子絕孫。我們出草的人回來不是沒事，以前出草的家族，幾乎都滅亡，都沒有子孫，有殺過人的也一樣。比較正直、有智慧的人，不會隨便出草。要看個人個性，比較強悍的人才會做這個事情。

　　以前是一個家族，沒有制定法律，那時候處於無政府狀態，大概是以種族敵對，直到日本人來了以後，知道不可以這麼做，才下令禁止。

──陳松本

砍人頭顱，後代不幸

　　出草我們叫做 m'gaga。早期泰雅族有很多外族侵入，搶地盤、搶山林、拿樟腦樹，這種狀況之下，我們泰雅族有民族危機意識，要做反抗，但是後來變成英雄表現，你

出草所拿首級越多，族人會稱讚你是最勇敢、最勇猛的，但是這麼做會有報應，因為你砍越多漢人的頭，你將來的家庭會遭不幸，你家庭後代子孫都沒有了。出草，根本沒有什麼理由，無緣無故你就殺他，把人頭拿掉帶回來，這是不應該的，這種習慣不好。我們不講上帝，這個父神、天神會懲罰我們。我們這種陋俗，這種不好的習慣，現在已經沒有，以後也不應該有。

——高隆昌

遇見出草靈魂，心存不安

我記憶中阿公去山上回來的時候，大概有碰到一個東西，他心裡不安、害怕，拿著棍子沿路掃動，回到家裡以後，他就把門窗關閉。因為那時候我們泰雅的 gaga 會出草，我們這個地方隨時會有一些祂們的靈魂，所以偶爾會碰到這樣的狀況。

——葉陳阿秀

（五）織布禁忌

不吃動物腳，避免織布亂

女性織布不允許吃豬腳、雞腳，只要是動物的腳就不行，因為容易製造混亂。豬腳的四肢屬於男人吃的，女人不可吃，因為女人吃了在織布上的程序會比較混亂、沒有秩序。像頭的話，一定要回敬給老人家，這是尊敬的意思。

男人碰觸織布機傷織布靈氣

女人織布是很慎重、很講究品質的，妳織不好會被人說話。織布器具是男人製作完交給女人，因為這是女人織布所要用的器具，男人不可以隨便觸摸，否則會影響女人織布的靈氣，說不定她織布就織得不好，織不好、弄錯就前功盡棄。

——高隆昌

（六）兩性相處

莫犯姦淫

我們泰雅的 gaga 文化特別保守，尤其男女之間的問題要盡量避免。Tayal 的 gaga 男女一定要保持距離，我們自己也會斟酌。gaga 對我們泰雅文化比較特別的是，我們老人家會特別叮嚀，對男女之間的關係不可以隨便，不可輕易違反男女關係，有這個親密關係叫做犯姦淫，犯姦淫的話就是 m'apal（私通），將來你養兒育女，你的兒女都會不幸，因為你沒有經過正規、正常的婚姻，小孩都會有報應。人與人之間相處有很嚴厲的規範，這種習慣非常好，為人處事帶有保守的心態就不會亂來。

——陳松本

用來認識異性的陪睡文化

泰雅族對婚姻和男女之間非常嚴謹，為什麼會有陪睡文化，不是隨便，有時候部落有很大的喜事或是很多外來部落的親戚朋友一起來歡樂，這時候有些長輩會把一些年輕人，男的、女的不認識，或認識有一點親戚關係，趁這個機會讓他們一起睡覺，類似現在的戀愛，讓他們互相認識。這個不是忌諱的事，是很嚴謹、嚴肅的事。當年輕男女睡在一起的時候，他們自己會互相認識，但是男女陪睡萬一出了事，隔天早上，男方一定要誠實地告知他的父

親，那個女孩子是我的人，不能隱藏，隱藏會發生很多嚴重的事，家人知道以後要馬上處理，男方要準備到女方家裡作媒，不能偷吃不講。

遵循祖先誡命，和解促成嫁娶

你的身體是自己的，女方也是一樣，他一定要嚴謹保守自己的身體。假如產生愛意，發生事情就一定要誠實告訴家人，絕對不能不處理。他承認發生事情以後，男女雙方家長要處理這個事，就是和解（sbalay）。

和解要殺一頭豬，或是拿一樣東西，不要讓雙方發生一些危險的事，萬一去狩獵，沒有處理好你會被豬咬，你會被什麼殺，你會摔，這是祖先留下來的一個誡命，一定要遵循，先處理完、和解完以後，才開始談論女方婚姻嫁娶的問題。我們泰雅祖先還有一個很重要的誡命，既然已經發生了，父母一定要答應，一定要促成這個事。雙方家長都要負責任，要和解，完成年輕人的事。

——林明福

我們泰雅族很重視這個，像你說我們兩個人都不講就沒事，絕對不可能，你不講，只要我們做什麼事情，每一次只要有一點點手割到還是怎麼樣，就會說是不是做事情沒有坦白、沒有負責任，他很怕，怕萬物、萬靈，會擔心到連覺都不能睡，所以一定會承認。 ——靛・吉駱

異性親戚不同行

以前我們的服裝非常簡陋，女孩子穿裙子，就是用一塊布把它遮起來而已，沒有內衣褲，我有見過、也遇過女孩子不小心見光，但即使見光，我們那時代的人因為有gaga 的準則，也不會隨便看女人的重要部位。比方說我的姐夫和妹夫不會看弟媳或弟妹，因為這是忌諱的事情，要盡量避開。走山路的時候，姊夫、妹夫要走前面，或是後面，不能在一起，以避免這種狀況發生。

未免超友誼，男女不牽手

以前比較嚴謹，婚姻都是父母做主，男、女性見面不能隨便手牽手，假如看到兩個手牽手的話，父母會唯你是問，因為怕你會有超友誼的關係。

——陳松明

（七）嚴禁偷盜

失物必還

　　我記憶中，假如有人遺失東西，我們絕不會占為己有，一定會把東西掛著，遺失的人回來必定會找到，沒有人會污掉，這是最好的規矩。我們會用像芒草的東西，打成一個結，告訴你東西在這邊，絕不會亂動。連條小毛巾掉在路上，都不能歸為己有，一定要掛起來，回去之後馬上轉告，對方回程時一定知道那是他的。

——陳簡初美

獵區分明，勿取他物

　　以前泰雅很嚴格，人家的東西你不能摸，尤其是山豬，你經過時看見了，只能回來傳達這個消息，說：「你有吊到山豬，我沒有動。」你一動，以後人家一輩子都會記住你這個人是小偷，這是一種很嚴格的禁忌。我們好心一點的話，會說山上哪一個地方、哪一個區塊，經過那邊有吊到什麼東西，因為我不知道是誰放的，所以傳達這個消息到部落裡，他們知道，第二天就會去，回來就會分給我們。以前跟 yaba（爸爸）去山上，我都不知道為什麼他知道那個是誰的陷阱。

——范振興

以前的領域、區塊、走哪一條路線，都分得好好的，我跟我 yaba（爸爸）去山上，他知道大概路線，我們絕對不會衝突。比如說你高義的哪個方向，巴陵的哪個方向，我高義的要去巴陵他會講，我有去那邊，他們會知道，這是最好的道德。

遇到你剛剛抓的獵物，他會回來告知，一點東西都不可以拿。果園裡面那個小黃瓜，你也不能隨便拿來吃。你要吃可以，吃了回來要告訴果園主人：「我口渴、肚子餓了，我拿了幾個來吃。」他會允許你。這些教育是從小的倫理道德、品行，跟老人家生活很自然地學會，不用口頭講。

——陳松明

不要去偷盜，不能做小偷，做小偷會被詛咒。

——陳松本

（八）鳥占

　　我們泰雅人要去山上工作或者狩獵，出入一定要看希利克，要看鳥占，這個是 gaga。途中你有遇到那種不吉利的鳥出現不正常的動向，他們老人家知道那個是希利克鳥。當鳥在路上是單隻的，跑上跑下，而且牠的聲音很難聽，就是警告你禁止前進，如果你前進就會發生傷害，這個很嚴重。鳥占攸關於以前的生活安穩，我們泰雅人一定不能違反。

——高隆昌

▲ 圖 6　作者與高隆昌耆老合照。2019 月 10 月 31 日，靛‧吉駱攝。

　　我聽過占卜鳥，也叫靈鳥，可以照顧你這一天的安危。以前是羊腸小徑，你要去山上工作，在路上碰到一隻極小隻的鳥，從路上有一種叫聲，聽一下，一般我們的感覺是很不好、很不吉利的聲音，那你就不能前進了，假如說成群結隊，在那邊一起發出很歡樂的叫聲，那就是告訴你這一天你會安全，這個是很靈的東西，你不能不聽，假如逞強前進的話，你一定會不幸。

——姜元國

　　現在醫學發達都知道是男是女，以前婦女懷孕不知道這個嬰孩是男是女，這個貓頭鷹可以告訴你。當一個女孩子懷孕要臨盆的時候，貓頭鷹會在家裡的周邊，聽到牠的叫聲就知道你要生的寶寶是男的，所以要在你家周邊聽。因為以前那個貓頭鷹不容易叫，只要聽聲音就知道，我們泰雅族男嬰叫 yabut，女嬰叫 yagih。

——陳松明

（九）成屋儀式

　　我們蓋完土造房屋之後，要蓋屋頂之前會有一個儀式，召集我們家族一起來幫忙的人分工，準備年糕、麻糬。這個 gaga 的用意是什麼？因為房子是土造的，土很容易鬆散，為了不要讓土流失，一定要搗這個麻糬，代表黏黏的、會堅固，這也是一種慶祝的娛樂。

　　我們會在那個麻糬裡面放錢，有的放一毛錢，因為以前只有這樣的錢，還有買糖果。由一個男人爬到屋頂上面灑，家族大大小小就聚集在這個要完成的房子裡面，上面的人發號司令後丟下來。

　　那個麻糬沒有用塑膠袋包，那個場地是泥土，都是灰塵，就這樣丟下去，大家搶著要，一打開，有的得到一毛錢就好高興，特別是小孩子，我們大人都會讓小孩子去撿糖果，象徵性地跟他們湊合、湊合。雖然麻糬有泥土，大家拿起來還是一樣吃，吃下去都好好的，沒有問題。

——陳松明

（十）其他 gaga

不造謠傷人

不可以造謠、隨便傳話，因為你隨便造謠，無中生有會造成戰爭，類似現在的假新聞，長輩特別叮嚀誣賴的事絕對不能做，因為你做了會造成他人的傷害。

菸葉、小米酒排解糾紛

以前的祖先告訴我們，人與人之間有糾紛的時候，你一定要拿菸葉還有小米酒把事情擺平，這個就是排解的信物。不要打契約、不要寫和解書，直接用菸葉跟小米酒就可以解決一切，只要你有做這個動作就可以了，可見得小米酒占有很重的份量。

——陳簡初美

床葬

我們泰雅的習俗裡有床葬，就是把往生的人埋在床底、床頭的位置，放一年，表示照顧的意思。一年時間到了，你一定要搬遷，另外蓋一個地方。

——高隆昌

莫指彩虹、犯祖靈

以前我們泰雅族看到彩虹，就知道颱風大概要來了。老人家也告訴我，不能用手指彩虹，因為我們泰雅的傳說中，彩虹裡面有我們泰雅的祖靈，所以不得侵犯，你指著它，你的手大概都會斷掉，所以切記不能朝著彩虹的方向指。

——葉陳阿秀

對婚姻忠誠

以前老人家叮嚀男女之間不可以有第三隻眼，第三隻眼的意思是不要有小三，男方有小三，女方父母會把他們的姑娘帶回家，這一點是非常禁忌的。

婦德

以前我們婦女絕對不會從聚集地的中間過去，因為這是不道德、沒禮貌的事。假如這個地方真的很擁擠的話，她會說：「你讓我一下好嗎？」不可以隨意進出，她一定會在那個擁擠的地方請你讓一下，這是最好的道德。

——陳松明

（十一）gaga 總結與評論

gaga 的原意是「祖先留傳下來的話」，包含泰雅族人生活的中心思想，從基本農作到習俗儀式的知識與規範，各種禁忌和誡命造就泰雅族人自古以來的生活方式。

從前面耆老們對 gaga 意義的表述可發現，泰雅祖先希望塑造子孫輩敬天地鬼神、對婚姻忠誠、孝順父母、尊重長輩、對異性相敬如賓、待人誠實、守信、樂於分享的品格，因此在違反 gaga 的行為中，最常被提及的是殺人、外遇（姦淫）、近親通婚、偷竊、不孝、造謠等等，犯錯者必須以菸葉、小米酒和解，以免被 utux 懲罰，招來不幸，不孝、偷竊的人甚至會被詛咒，會有不好的報應。

gaga 也反應了百年前泰雅族人相當信奉大自然的神秘力量，深信鳥占和巫術治病，也認為犯下過錯會被祖靈懲罰，無法跨越彩虹橋回到祖靈懷抱，這些祖靈信仰雖然在基督教、天主教等宗教力量的感染下，逐漸以一種全新的面貌融入現代泰雅人的生活，但對於經歷過祖靈信仰驗證的耆老們，仍然將 gaga 戒律放在心中深信不移，持續以最誠實、正直又分際嚴明的方式待人做事，並希望優良的 gaga 文化能持續傳承下去。

三、嫁娶文化

尊長者，孝父母

Watan Tanga 林明福

1930 年 7 月出生

泰雅史詩吟唱 lmuhuw 人間國寶

採訪時間：2018 年 11 月 20 日

採訪地點：復興區澤仁里 4 鄰溪口台林宅

長輩作媒

　　我們泰雅族傳統的婚姻儀式來自祖先。日本來了以後，我們還是按照我們泰雅祖先的方式進行婚姻。傳統泰雅族沒有戀愛，男人跟女人的婚姻關係都是透過長輩作媒，依照父母的意思結婚，小孩子不會去表示意見，今天老人家要去找誰提親都是他們的意思，長輩回來說你什麼時候要跟誰結婚，就結婚了。這是看誰先去提親，對方同意就同意了。

　　傳統泰雅男女就算彼此早就碰過面，男孩子也知道女孩子是誰，但是不能說那就是我喜歡的人，也不能在私底下表達對對方的情愫，而是在婚後才建立感情。像我姑姑之前嫁給太太的哥哥，我和太太早已有姻親關係，也已經認識，但沒有血緣關係，我和太太的婚姻仍是按照泰雅傳統結婚方式，穿泰雅族傳統服裝結婚，由我的爺爺作媒促成。我是後來才知道，原來我的長輩已經為我預備了那個女孩子。因為這樣，我跟太太六十年的婚姻生活過得非常恩愛，彼此建立很好、很幸福的家庭。

兩部落耆老輪流作媒，促成婚姻

我們祖先有遺訓，男女間的婚姻關係，假如聽到別的部落有女孩子初長成、可以嫁人的話，都要請我們男方部落的長輩耆老拿溫柔的枴杖，親自到女方家裡去提親，進到那個家跟人家講：「今天我踏上門來，不是個人的意思，乃是祖先留下的遺訓，就是聽到有家人女子成長，我才親自帶著溫柔的枴杖登門作媒，向你提親。」這句話一定要講，這是祖先過去所講的話，這話落到男方的家長耳邊，他絕對不能排斥，要接受這個話。

長者登門到女方家以後，女孩子不會在那邊，長者只是跟女方的父母親講今天來的目的，第一次的作媒是先把這個話先告訴對方，讓對方瞭解來意：「我來為部落的男人，一個年輕人作媒，作你女兒的媒。」這個話講完以後，女方也不是一下子就答應。男方長者會在女方部落裡面另外再找一位很有權威的耆老，委託他：「我今天已經到女方家裡去作媒，要娶他的女兒，我把這個責任委託給你。」請他把男方的意思再轉達一次，因為那邊的耆老了

解這家人，才請他協助作媒。

男方的耆老回去後，那位受委託的耆老會幫助他作媒。他會告訴女方的家人：「他的兒子是一個很優秀的男生，是一個真正的泰雅男子，是一個狩獵英雄……。」一定要說一些美好的話，把這個男子說得讓女方的父母親心動，促成這個婚姻。男方耆老會交代女方耆老：「我過五天後再來看你，看五天當中你作媒的情況，他們父母親到底答應了沒？」受託的耆老會兩天跑一趟，說服女方的父母親。

女方的阿姨會告訴他父母親：「好啦！我來說服女孩子。」最重要的關鍵是父母親答應。過去泰雅族婚姻中，父母親是很有權威的，父母親說好，他的阿姨、姑姑會一直跟女孩子講：「女孩子早晚會嫁，就答應了……。」

女孩哭泣代表有結婚想法

男方耆老第二次拜訪女方耆老，會跟著他到女方的家去，因為已經講過好幾天，女方家父母親點頭答應了，但是女孩子可能還不肯，所以女方的姑姑、阿姨、嫂子、媽媽會跟她講很多話，若那個女孩子哭，就代表答應了。

哭，是好事，是因為什麼哭，她不願意嫁而哭，或是她很喜歡哭，那不重要，重要是女孩子哭了，是因為想到要離開父母，心中捨不得，她心思已經有在想才會哭，一哭就是有結婚想法。原住民泰雅族的婚姻關係是很微妙的東西，女孩子哭了，父母親答應了，就會促成婚姻。

珠衣作聘金

男方作媒答應婚事後，男主角、他的父母跟耆老才會一起去女方家裡談判聘金的事，討論大概什麼時候要聘金。這個時候男、女主角才第一次碰面，互相才知道，原來我的另一半是她／他。

早期泰雅族沒有什麼聘金，我們有珠衣，珠衣就是我們的錢。男方會問女方的家長：「我們這一段婚姻你要什麼樣的聘金？」女方家長會說：「我們要多少珠衣。」有可能是兩件或四件，四件很多，當然原住民女方不會要求很多，兩件就好，或是要求要一頭豬。

談完聘禮以後，就會談論娶嫁的時間，至少需要兩個禮拜左右，因為男方要準備很多嫁娶物品和招待客人的東西，要釀酒、狩獵……，需要準備的時間，所以嫁娶時間大概是訂在兩個禮拜，甚至一個月以後。

▲ 圖7　林明福耆老（左二）與母親（中間）之合照。2017 年 11 月 20 日，蘇星燕翻攝。

Masa Tohui 黃榮泉

（1932-2019）

泰雅口述傳統保存者

採訪時間：2018 年 11 月 1 日

採訪地點：桃園市復興區立圖書館

提親

　　結婚是一件神聖的事，不是隨便的事，以前沒有自由戀愛，完全由老人家作主。經父母講好了以後，父母會詢問別人，這個人的人品怎麼樣。答應結婚之前，父母親要看到女婿本人，因為提親的不是他本人。另外，還要調查對方父母適不適合，如果部落沒有不好的批評，經過審核父母、男方，或是過來提親的人，再相處一下覺得不錯，父母親也同意，才去問當事人：「有一家在高遠部落，要妳嫁過去，妳願意嗎？」因為女孩子他不認識對方，不知道對方是甚麼樣的人，所以要先問，才能嫁進那邊。

▲ 圖 8　作者訪談黃榮泉耆老。2018 年 11 月 1 日，蘇星燕攝。

婚前準備

陳松本
1935 年 1 月出生
採訪時間：2018 年 11 月 14 日
採訪地點：復興區華陵里陳宅

　　我十九歲結婚，因為爸爸說我是大哥，寧可早一點娶老婆。當時男女之間很保守，我在結婚之前就認識老婆，她就住在附近，雖然認識，但是當時沒有建立感情，因為不知道爸爸、媽媽中意哪一個人，不知道對象是誰，後來是媽媽中意，去求婚才知道我要娶的是哪一個小姐。現在可以拋媚眼，以前沒有，即使見面、講話，也不能做男、女朋友，沒有男、女朋友的感情，就是一般朋友而已。

　　我的婚姻是請老人家去求親，求親一次，大概談妥、有意思了以後，我們又再去一次，時間大概經歷一個禮拜。因為以前是徒步，要走很遠，近的話要看行程。我們求親成了以後，回來就是我們家族要談婚事，聽候女方那邊的消息，比如說要多少聘金、東西等等，男方家族事先要做準備。

　　每一個家的父母有意思要去求親的時候，事前的動作都要做好，大概結婚一、兩年以前都要先準備好殺豬，因為養豬要一、兩年，要慢慢養，再看女方的要求是什麼。女方的家族人多的話，大概要四頭豬，少的話大概兩頭、

三頭這樣。那時我太太要求兩頭。當時那個錢沒有辦法算，因為那時剛好是日本和國民政府交接，要多少我也記不得了。

我們 Tayal 結婚以前會上山狩獵山豬、山羌，把牠集合起來，有部分是結婚那天迎娶新娘使用的東西。當初太太的嫁妝就是布匹，還有一些她自己要穿的衣服。

以前結婚會帶放布匹用的木箱，那時代也沒有其他裝飾品。我結婚穿媽媽用苧麻布織的衣服，太太也是穿媽媽織的女人服飾結婚。我太太的媽媽沒有教她織布，她沒有學織布的手藝，結婚以後的衣服是我媽媽幫我們織的。

婚後當兵，服役完夫妻共同打拚

結婚後就準備建立家庭、生兒育女，整個生活的計畫都要做，因為早期 Tayal 就是聚在小圈圈裡面做規劃而已。我十九歲結婚，結完婚之後去當兵，那時金門發生八二三炮戰，戰爭不能通報，也沒有電話，我不知道家裡怎麼樣。我太太在我去軍中當兵的時候生了大兒子。

當完兵後，平常都要去山上務農工作，傍晚回來。太太一定要跟著先生一起打拚，每天一起共進共出，夫唱婦隨，這樣才能過生活。婦女要做婦女的事，男人就做打柴火、撿柴火、弄竹子等這些家裡需要的東西。以前我們拉拉山這邊只有靠小米、地瓜來維生，沒有種稻子。

相依為命

林高淑瑞
復興區三光里前已故里長母親
1935 年 4 月出生
採訪時間：2018 年 10 月 16 日
採訪地點：復興區三光里林宅

　　我的婚姻是老人、父母做主，我和先生雖然是同一個部落，之前就會見面，但是還沒觸電，很難觸電，因為我們有一些忌諱。我以前到復興公所那邊學習做裁縫，我大伯特別囑咐我，不管去哪裡，一定要守好我的本份，不要眼睛花花，我記得大伯叮嚀的話，所以婚前我沒有談過戀愛。

　　我嫁給先生的時候，他們也一樣過著非常艱困的生活，因為他是獨生子，每當有什麼工作，yaki（婆婆）一定會派他去，才能把事情做好。結婚時，我媽媽存了一點錢和布匹當我的聘禮嫁妝，沒有什麼手飾、耳環，帶過來的服飾都是自己織的，因為我曾經學過裁縫，所以我會織布。

　　我跟先生相依為命，我們生活非常辛苦，不管什麼工作都一定要跟去，甚至連鋸木頭我也有參與。我們都是依照祖先所訂的 gaga 生活準則規範，這樣才會比較順利。

陳簡初美
1936 年 2 月出生
採訪時間：2018 年 10 月 16 日
採訪地點：復興區三光里陳宅

夫唱婦隨

　　我在砂崙子出生，也在那邊成長，直到適婚年齡才嫁到三光這邊。我不是自由戀愛結婚的，我沒有談過戀愛，是媒人介紹，我先生的長者帶他來求婚。

　　結婚後，我對先生百依百順，不管到哪裡都是夫唱婦隨，一定跟著，假如我不跟著，第一，人家會嘲笑，第二，跟我的先生融洽在一起，百依百順，就代表我成長，可以分家了，因為我有經驗、謀生能力和智慧就可以分家。假如我還沒有這個能力，爸爸媽媽不會給我分家。

> 陳松明：我們泰雅族傳統就是婚後戀愛，婚後培養感情。以前我們泰雅也不認識先生，也不認識老婆，彼此沒有見過面，都是父母親做主，兩個長者見面談妥就定了。直到結婚那一天才見面，才知道那是你的老婆。

嫁妝布匹代表媽媽的手藝

泰雅女兒的嫁妝都是媽媽負責的，首要的東西是布匹，像我們的織布器具，媽媽都要準備好。我記憶中，嫁妝裡面有一種彩色的布匹，那是上好的布匹，女孩子嫁出去才會給的，當然不一定都有，媽媽的手藝好就會做。還有一種披風跟別人的不一樣，特別堅韌，這表示媽媽的手藝非常高強，也是一種榮譽。

二次攜帶嫁妝

我結婚的嫁妝也是布匹，我的媒人可以優先選擇要什麼東西，剩餘的才由先生的 yaki，我的婆婆處理，分配給我先生的姐妹。我不是一次就把嫁妝全部帶來，我有保留自己以後要用的東西，回娘家再把其他嫁妝拿來，但那個時候，嫁妝裡面的東西就不會分給她們了。

▲ 圖 9　桃園市復興區織女尤力・阿茂復刻百年前大嵙崁婦女所織布匹。2019 月 5 月 5 日，楊馥袆攝。

Umaw Qesuw 高隆昌

1940 年 12 月出生

桃園縣復興鄉 100 年度優質水蜜桃評鑑「甜度王」

三光里爺亨部落

採訪時間：2018 年 10 月 16 日

採訪地點：復興區三光里 8 鄰高宅

共食團

　　我跟我的老伴隸屬同一個部落，但是我們沒有血緣關係。我們在這邊一起長大，互相認識，雙方的家長也都知道我們各自是什麼樣的人。因為雙方家長認可，我們就去求親，把我的老伴帶回來。

　　過去我們泰雅社會婚嫁，談妥聘金、嫁妝以後，不像現在辦桌用帖子，我們只有一個家族共食團，比方我們高家辦桌就是請高家兄弟姐妹和對方曾家，相差兩三代，邀請他們來家中辦桌，一族一天，其他家族不能參與。

有紀律的共食團

　　以前我們迎娶新娘時都沒有車子，要徒步走去，徒步還不能直接過去，長者一定會到這個新娘家前面的一座山，等共食團的人聚集後先行訓話，訓話內容說：「我們要保守自己的心智、意念，不可以做一些不好的、不良的示範，比方說醉酒，講話要謹慎，不可以隨便嬉鬧、嬉笑，甚至你去如廁也不可隨便讓人家看到，因為你要保證一個好的形象，讓女方那邊知道這個團、這個家族是很有

規矩的。」這是 gaga 的重要規範，有這個 gaga 約束，以前的子弟不會隨便，不會到女方那邊喝酒、鬧事，否則人家會說這是一個沒有規矩的團體。

不能近親結婚

以前泰雅祖先嫁娶、結婚要透過媒人，一定是由父母親作主，因為以前大多是農耕社會，要以父母的意思為意思。到了適婚年紀，父母會打聽哪個地方有女孩子。我們結婚有個原則，不能是血脈同源的，假如血脈相連，我們叫做近親結婚，後遺症就是小孩會有不好的下場。

下一代開始自由戀愛

我們泰雅比較嚴謹，過去沒有所謂的自由戀愛，因為地域的關係，不可以隨便，就怕亂倫，這個祖先有交代我們，不管到哪裡，你一定要注意婚姻的問題。

但是現在因為環境的關係，泰雅的孩子也到山下、平地工作，在外面接觸的人很多，難免會相愛，加上我們跟漢人頻繁接觸後，看到了媒體，也看到了社會現象，才會演變成我們的泰雅子弟也有自由戀愛的現象。我們泰雅要注重戀愛的倫理，父母親假如知道孩子要談戀愛，就要慎重的要告訴他們，做一些防備的工作。

聘金

關於聘金的部分，以前沒有什麼錢，以前我們是用物品做嫁妝，沒有所謂的金錢、紅包。現在我們泰雅族的社會比較含蓄，不會要求很多，以減輕男方的負擔，但是這也不一定，要按個人的意思，有的人會說要多少布匹、穀物，這些都包括在聘金裡面。

訂婚、結婚儀式的食物

訂好結婚日子後，這段時間我們家族共食團都要分工合作準備東西，比方說養豬，或者去山上狩獵、做醃肉，我們叫 tmmyan，是我們泰雅最傳統、最重要的食物。另外，以前我們要釀小米酒，客人來你沒有小米酒，就是沒有禮貌。我們泰雅一般的主食是小米、麻糬，這也是一定要有的重要禮儀食物。結婚前一天我們這個家族會一起殺豬。結婚當天，整個家族大小都一定要參與。

結婚服飾

我們男女穿的結婚服飾沒有一定的規定，以前沒有衣服、布匹來源，沒有地方可以買，大概就是家人自己用苧麻線織的布，聽說很粗糙，老人家、爸爸、媽媽說那個濕了會摩擦皮膚。一直到臺灣國民政府、漢人進來後，我們才有跟漢人一樣的衣服，但沒有什麼禮服、西裝、皮鞋，若有能力，穿新衣服、新球鞋就夠了。

嫁妝與紅包

　　在新娘嫁娶中，媽媽扮演重要的角色，因為女孩子要嫁之前，母親要把她教導好，叮嚀她做好家事的準備。母親也要負責準備布匹等嫁妝。以前泰雅女孩子會做家事才能嫁，應證方式就是紋面，妳沒有紋面就不能嫁，妳有紋面表示妳已經成年、會做事，老人家才會給你紋面。

　　以前的穿著都是母親幫新娘做好的，新娘會帶一些像布匹類的東西去男方家，分享給男方的姐妹，表示要跟新的一家人分享，其他大部分物品，像新娘子重要的、要穿著的、她本身需要的東西不會帶去，會先留在家裡，因為也要為將來的兒女穿著著想，所以結婚那天不會帶來，等一個禮拜後回娘家，等於現在的女兒歸寧，才會把自己擁有的東西全部帶來。

　　但是，漢人過來後就改變了。以前婚姻有很多gaga規矩，都是比較嚴謹的，但是現在也都漢化，有所謂的請客。以前我們泰雅社會沒有「紅包」，是學習漢民族的婚宴以後才有紅包。我女兒嫁給漢人，他們漢人有紅包，還有過火爐的儀式，我一直不要紅包，這是我們的禮儀，後來我只拿紅包袋，裡面的錢全數歸還給他們。

婚後生活

　　在婚姻的生活過程中，我們泰雅的社會大同小異，以前沒有所謂的金錢競爭，我們處於只顧溫飽就可以了的環境，大概都是有東西吃、有飯吃就可以了。以前也沒有電

費、沒有車子，也不用油，什麼費用都沒有，只顧溫飽、家庭和諧就好，能夠吃飽就很溫暖了。

婚前誓言

以前結婚比較嚴謹，因為我們泰雅的 gaga 在嫁娶前一天，年長者有一個最大的命令，是說：「第一，你娶了我的女孩，你不能動粗；第二，你不能有三隻眼睛，就是不能找小三；第三，除非你這個家族要你離開，驅趕你才能離開。」女方的家人一定在嫁娶前夕都談妥，和對方約法三章，不能違反。一旦男方一違反，他會唯你是問。

如果真的違反了，那怎麼解決呢？他會說：「我們是重 utux 的祖靈，這個已經向天、向祖靈做宣示，萬一你真的違抗了，你將來一定會遭遇不幸，一定沒有好的下場。」像這個儀式只有老年人雙方對談、認可就可以，男女主角都不能參與。

嫁妝

葉陳阿秀

1941 年 9 月出生

高義里

採訪時間：2018 年 10 月 24 日

採訪地點：葉耆老經營雜貨店外

　　以前傳統泰雅族嫁娶包括入贅都是父母做決定。我和我的另一半小時候就認識了，時間久了有感情，所以父母親來相親，比較像自由戀愛。

　　我們泰雅族嫁娶經過父母親的首肯後，沒有訂婚也不辦桌，而是殺豬。男方要準備豬隻送給女方，豬肉是信號，代表我要嫁女兒了，就像現在的喜餅一樣。我們以前沒有喜餅，是用豬肉當信物，將豬肉分給我們家族，不分給跟我們沒有親戚關係的，分給他他會虧欠你。

　　結婚事情談妥了以後，女方父母親要準備布匹，有些家人會準備裝飾品，像珠子類的東西，我有看過這樣的東西作為嫁妝，家裡比較有能力的會做個兩件，假如真的沒有，大概是一件，這就是最重要的嫁妝。

　　以前有些女方會要聘金，有些會要男方提供幾頭豬，大的甚至要牛。我們婚嫁要的聘金跟其他地方不一樣，要求不是很高，有些地方聘金、嫁妝要求很高，比方像布農族會要求二十頭、三十頭豬，我們這個地方比較隨性，不會要求很多。

　　比較富有的家庭嫁妝多一點，女方會有個箱子裝一些比較貴重的東西，家境一般的人用布匹包一包，就隨女方嫁到男方去。女方珍惜的東西、自己要用的、自己喜歡的通常會留在娘家，等回娘家再去拿。

　　在我的年代，結婚沒有特別的禮服，也不是穿傳統泰雅服飾，穿類似家裡織的普通衣服就已經算很好、很高貴了。出嫁的前一天我去買了兩百塊的西洋衣服，不是白紗那類的，因為那時候的錢幣價值很高，穿兩百塊的衣服就已經算高貴了，我當時還有化妝。

　　以前的泰雅族雖然住很近，還是要去過夜。男方娶新娘的時候，一定要來女方這邊過夜兩天，那時候老人家們、連鄰居都要來這邊一起歡慶，一起喝小米酒，不過我結婚當時沒有跳舞。

　　以前女性嫁給男方，一定要入境隨俗，嫁出去就跟婆婆他們一起工作、做家事、生兒育女。婚後，我和先生都一起耕作，上山、回來都一起。我公婆對我很好，我很讚佩我的公婆，我也跟他們一起生活。

交換婚

Temu Muri 姜元國
1941 年 12 月出生
前復興鄉高義村村長
高義蘭部落
訪談時間：2018 年 10 月
採訪地點：復興區高義里 4 鄰高義蘭姜宅

　　傳統泰雅族結婚是由父母親做主。我和我太太住在同一個地方，很小就認識了。我大姐嫁給我太太的大哥，我大姐是太太的姐姐，我太太是他妹妹。太太的大哥娶我姐姐，又把妹妹嫁給我，變成你娶、我嫁，兩家交換。

不回應代表默認婚事

　　一般婚姻都是男生求女生，我的例子是女生求男生，因為對方的父母非常中意我。我姐姐嫁給太太的哥哥後，雙方的父母親就往來了。我還年輕時是一個帥哥，太太的媽媽非常賞識我，覺得我很好，不會喝酒，想把女兒許配給我。那個時候我老婆對我有意思，喜歡我，但是我堅持不要娶她。大概一個月的時間，過程中有很多人來說服我，當時堂哥一直催我，要我回答是否要娶對方，可是因為這一個月的時間我都沒有回應。我們老人家認為沒有回應就表示你已經肯定、答應的意思。其實當時我很猶豫，不知道該怎麼辦，才沒有一些表示。後來我堂哥就跟我太太的爸爸、媽媽說：「好了！他答應、默許了。」

婚前家族準備

　　婚事敲定後，男、女家族就要做好準備。迎親單靠一家人手是不夠的，一定要一個家族一起來幫忙。男方、女方都是一樣，凡是婚事所需要的東西都要做。比方說，以前一個家族這一個月內大概都要聚團一起去狩獵、釣魚，大家分工合作，準備辦好這個婚事。

婚前口頭約定

　　以前我們泰雅習俗結婚前，老人家一定會跟對方有一個特別的叮嚀和約定，女方的父親會對男方說：「我的女孩嫁給你，你往後的日子不能把她趕回來。再來，你不能有暴力，你用暴力的話，我們父母親可以把她帶回去，你沒有什麼反抗的餘地。」傳統泰雅族在暴力的情況下會離婚，新娘一定會離開，因為在這個家裡她不安寧。女方要求男方不能做什麼事，男方同樣也會要求女方該做什麼、不能做什麼。

　　過去我們沒有文字，不用寫契約書，而是口頭約定在先。結婚後，不能隨便違反、違抗長輩約定的事情。如果婚後男方有嚴重的暴力傾向，女方家長會到男方家裡要求賠償，要賠幾頭豬之類的。以前男人因為有這個約定在先，所以大家都比較謹慎。

五千元聘金和布匹聘禮

　　女孩子要嫁出去時，家裡父母親會規劃聘禮和聘金的

事務。在我結婚時，日本政府已經離開，是國民政府時期。我娶老婆是有聘金的，在我前面的不一定有，有的不收。以前的聘金不多，我給太太五千塊，五千塊在當時的價值很高了，要找這個錢不容易；聘禮就是布匹這一類的。我老婆的嫁妝除了布匹以外，還有一個木箱和縫紉機。以前那個木箱很珍貴，類似行李箱那種，可以儲藏東西，是木頭製，要用買的，自己做的不行。

徒步迎娶新娘

以前結婚都是徒步，我住在對面，要去接新娘子的時候，這邊的人馬一定也要過去那邊，不外乎就是去歡樂，喝喝小米酒、唱唱我們的歌，這些老人家都是這樣，因為這是終身大事，一個家族一定要聚集在一起、全力以赴。

獵物作結婚用品

我們當時的結婚用品不外乎是獵物，像山豬肉、山羌肉、河裡面的魚這些東西，當然也有豬。家境比較好的就是用一頭牛，但是在我們泰雅習俗裡，假如殺牛的話，將來這個新娘子會像牛的性子一樣，很衝動、很牛。

穿日人服飾結婚

我是三十年次出生的，那時日本還在，日本到民國三十八年才回去，所以我們結婚是跟著日本習俗，那時已經沒有珠衣這些東西，是穿外面買來的一般服飾，也穿

鞋，之前也有人穿草鞋。

女人做家務，男人擔粗活

我結婚以後就去當兵，當兵兩年退伍回來。男人主要
擔比較粗重的工作，家務事一定要女人來做。我比較感念
老婆在家的事務，要做的事情比較多。

▲ 圖 10　姜元國耆老與太太幸福出遊照片。2018 年 10 月 24 日，游靖儀翻
攝。

預備對象

Batu Watan 林恩成
1954 年 1 月出生
前澤仁村村長、台灣原住民愛加倍文教關懷協會理事長
澤仁里
採訪時間：107 年 11 月 1 日
採訪地點：復興區巴度便利店

　　之前我們泰雅婚姻文化都是依照過去祖先的訓詞，祖先說：「你們聽到哪一家有女人初長成，你就要託付長者，交代他去相親、求親。」我們泰雅文化比較重要的是，一定要認清媽媽的乳頭，這個涵義非常深，意思是你不可以近親結婚，以前比較保守，近親結婚是禁忌。

　　我們泰雅老人家對於婚姻，彼此之間會暗示、互相有一些默契，讓你的女兒嫁給我的人。我們婚嫁都是依循過去泰雅的 gaga，首重相親和求親。像我的另一半是我的岳父和我的爺爺為我預備好的。當時我和另一半之間還沒有所謂的感情，是我的岳父有意把女兒嫁給我。我岳父說：「你現在長大成人了，你不要再去找別的女人。」那時候還沒有談結婚，我岳父告訴我這樣的事情，但是我那時候也不知道這是什麼意思。

　　因為父母已經有這樣的共識，所以我們兩個結為夫妻。我們泰雅古訓裡面特別交代，身為夫妻，一定要按過去我們泰雅傳統的生活方式養家育女，不可以隨便，泰雅 gaga 當中已經規定男人、女人分別要做什麼，我們就是依

循這個 gaga 的訓示，維繫我們的家庭生活。

　　不過我們夫妻倆都是公務人員，過著現代的生活，就是按照一般的生活方式，家庭很幸福。我的另一半看過也學習過她的媽媽教導做一些女人該做的事，但是因為時代變遷的關係，不再注重織布的工作，難免不重視織布。

教會婚禮

范振興

1955 年 3 月出生

連五屆復興鄉鄉民代表、代表會主席

採訪時間：107 年 10 月 24 日

採訪地點：范耆老家宅

　　我們的婚姻是老人家訂的主意，我和太太從小就是玩伴，適婚年齡時互相有一點意思，父母親都知道我們相愛，所以他們就去求親。談妥婚姻，父母親和家族也準備好以後，才決定確切嫁娶日期，這是身為父母親的擔當。

　　我很早婚，十八歲就結婚了，我有趕上新時代的婚姻方式，我的婚禮在教會舉行，以教會儀式進行，由牧師當證婚人。我結婚那一天，人家都已經準備好，但是我忘了要結婚，在那邊跑來跑去，還拿彈弓去打鳥，直到人家跑來找我說：「你今天要結婚啊！」我才恍然大悟，原來我要結婚了，這才匆匆忙忙把衣服穿好，跑去教會。當時我實在太年輕了，不知道什麼叫婚姻，還沒做好完全的準備。

　　我們結婚當時政府推行新生活運動（按：中華文化復興運動），山區開始有一些物資進來，整個環境慢慢繁榮，但是我結婚時沒有穿西裝，因為穿西裝要看家庭的經濟狀況。我當時是出去外面買一般服飾，沒有穿禮服、打領帶，新娘也一樣，穿一般的衣服就結婚了。

我有給女方一萬五千元的聘金和豬隻，因為泰雅社會以前沒有喜餅，一定要用豬，當然也有用牛的。男方去談婚事的時候，一定要送女方豬或牛。結婚當天，女方家族也一定會來過夜。

新娘出嫁，父母在男方家相伴幾日

新娘嫁過來當天，他們的家族會先在這邊吃喝一個晚上，一起歡樂，一定要把那些小米酒喝完才行。一個晚上以後，其他同行人會先回去，留下女方的至親爸爸、媽媽，陪這個新娘。一般泰雅婚姻因為結婚前都還沒有感情，新娘來到新的環境很陌生，所以父母會帶著一種陪伴的心來陪著女兒，義務上要住個兩、三天。

傳統婚姻是經過雙方同意再去求親，以前我們沒有自由戀愛，自由戀愛的缺點是今天結婚，明天離婚，我們那個年代的結婚就是婚後培養感情，但是感情更密切，可以廝守一輩子。我結婚後就隨著父母親過我們的泰雅生活。以前不求什麼金錢，只要夠生活就可以了。雖然我很年輕就結婚了，但是我知道有了伴以後，要開始學習像男人的樣子過生活，做男人該做的事。

不過我結婚以後馬上就去當兵，那時候感情還沒有完全培養好，後來生一個孩子，直到當兵回來才真正了解夫妻生活，開始學習擔當爸爸的責任。我們以前都過著平淡的生活，不追求金錢，每天幾乎就是夫妻共同出入，沒有電，也沒有電視可以看，只有工作、休息、工作、休息、

工作，大概就這樣反覆循環，處在這種環境中，也不可能改變生活，就只能遷就了。

縫紉機作嫁妝

　　以前女方結婚是看家族誠意決定嫁妝多少，通常嫁妝就是木箱和縫紉機。縫紉機要伴隨新娘一起嫁過去，意思是新娘要去做男方這邊所有的家務，像縫衣服就是新娘子要做的事，所以一定要有一台縫紉機。前面一點的年代沒有縫紉機，我那個時代有這個東西，作為太太的嫁妝。

小米酒和醃肉是婚宴必備食物

　　傳統泰雅族結婚就是一個家族動員，男方會請家族成員一起幫忙、分工合作，比方說釀小米酒、做醃肉。一定要有小米酒和醃肉，那是一種誠意，以前泰雅嫁娶時你沒有準備醃肉，對方會生氣。家族會訂時間，比方說什麼時候去狩獵，什麼時候去抓魚。女方也是，男方要來娶親的時候，新娘也要給男方這樣的準備和回禮。

離婚

暴力和外遇才得分離

我們泰雅婚姻有關分離的事情，大概有兩個最主要的原因，第一個就是男方暴力打女方，雙方家長一定要協調，怎麼會發生這種事情，但我們的宗旨是不要把這兩個分開，一定要好好談判，除非談判不成，才會離開。另一個是男女雙方有外遇，泰雅婚姻才會分開。

合解與賠償方式

男方假如外遇，女方的家長聽到以後，會直接把女兒帶回家，之後男方的家人知道，有誠意解決問題的話，那男方就要認錯，帶我們這邊的耆老到女方家長那裡賠罪，去談判、要求和解，接受他們的懲罰。過去和解方式可能是殺豬，泰雅習俗認為殺豬，豬的血可以洗淨過去所犯的錯誤。和解好了，女孩還會再回來。除了殺豬以外，還會要求賠償、懲戒，例如賠償珠衣，當時珠衣就是錢。

假如女方犯錯也是一樣，男方的家人會到女方的家裡，說：「你們的女兒發生這種事情，你們是不是要解決問題？」由女方家人和他們的耆老到男方家談判，跟男方一起談和解，和談以後怎麼樣賠償。

——林明福

近親結婚，父母同意得以解除婚約

　　以前沒有離婚登記，都是以雙方家長決定為主。以前的泰雅社會不准許離婚，除非在還沒有完全注意的狀況之下結婚，這個家族知道是近親結婚，有血緣關係，可以讓他們兩個離婚，一般都是由老人決定。另外，像緋聞、有小三這種狀況，他們慎重溝通以後，認為有必要就離婚，但是父母親不鼓勵離婚，除非你行為不檢的狀況下才可以離婚。因為以前我們泰雅要結一個婚很不簡單，都要籌備很多東西，花很久的時間。以前沒有飼料，養豬要養一年，所以成婚以後要離婚，真的不容易。離婚一定要透過父母親作主，不是小孩要離婚就離婚，如果你的父母親說不要離婚，你就不能離。

　　　　　　　　　　　　　　　　　　　　　　　　——高隆昌

　　離婚一般是兩者意見不合，一定要透過父母親，不是隨便就可以離婚的，當然一定是有一些特殊原因，才會讓你離婚。

　　　　　　　　　　　　　　　　　　　　　　　　——林高淑瑞

　　我們泰雅過去沒有離婚的觀念，是國民政府來了以後，和漢人接觸才知道有離婚這件事，其實我們原住民是不准許離婚的，只有在特殊狀況下才可以離婚，比方說暴力，或者是男方把你趕出門，但是最好沒有這個現象。

　　　　　　　　　　　　　　　　　　　　　　　　——葉陳阿秀

招贅

沒有壯丁的家庭，長女要招贅男丁

招贅就是我這家沒有男人，我們一定要娶男人，因為以前是農村社會，家裡一定要有人手，我家庭假如壯丁不多，或是沒有壯丁，我寧可招贅，娶男方來幫助這個家族。一般通常是長女要招贅，也不一定會招贅，有時候是找養子。家庭中如果有壯丁，就不會招贅，他寧可把女孩嫁出去，入贅也要注意到我們的人口問題。

——陳松明

通常一個家裡沒有男人，才會需要男人入贅，因為我們泰雅農業社會一定要務農，要有男人才能擔當這個家務事。

——林高淑瑞

家中男人早逝，女方會招贅男丁

我年輕的時候爸爸就過世了，我的媽媽一定要有一個男人再來維持家計，所以招我的繼父入贅。

——范振興

嫁娶文化總結與評論

　　由於作者訪問的復興區泰雅族耆老最大和最少年紀相差 25 歲，時間跨越了傳統泰雅族生活、日本統治時期、國民政府統治時期至今，後期又有宗教的洗禮，在嫁娶文化上受到相當多因素影響，無論結婚儀式、結婚決定權、聘金、嫁妝、結婚服飾上都有極大的差異，以下分點列述。此部分總結與評論僅就耆老們口述過去史實為主，對於復興區泰雅族婚姻現況，在此不作評述。

　　結婚儀式：天主教、基督教等宗教自 1950 年進入，逐漸對復興區泰雅族居民帶來影響，結婚儀式從傳統部落徒步迎娶新娘、耆老們互相吟唱、飲酒、聊天、歡樂、過夜的嫁娶，進入教會結婚儀式，由牧師證婚。

　　結婚決定權：過去泰雅族長輩握有孩子婚姻的完全決定權，孩子非常孝敬長上，對老人家的話唯命是從。過去泰雅語 ppsqun 一詞代表結婚，這字的原意是「將要在一起」，因為傳統泰雅人沒有談戀愛的過程，「將要在一起」就代表要結婚了，後來受到日本統治時日語的影響，現在許多復興區泰雅人使用泰雅語談論結婚一詞時，反而改以日語けっこん替代，語言的改變同時反應了「在一起」不再等同於結婚的事實，因為結婚決定權在泰雅人和漢人接觸後漢化，已從父母指定婚約演變到以兒女個人為主的自由戀愛，父母下放結婚決定權，只是配合兒女去提親，完成婚禮儀式。

嫁妝：泰雅族女性出嫁之嫁妝，早期是自己和母親所織的布匹和木箱，後來因為紡織業快速成長，開始學習工業縫紉機的縫紉技術，女性傳統地織機的織布技藝漸漸失傳，嫁妝也演變成裁縫機。

聘金：在漢化通婚後，漢人聘金的觀念進入復興區，民國 30 年出生的姜元國耆老結婚時已給女方聘金五仟元，民國 44 年出生的范振興耆老聘金躍升到一萬五仟元，但年紀較長者仍會依照泰雅習俗，如高隆昌耆老，嫁女兒時不收男方聘金。

結婚服飾：林明福耆老指出，過去泰雅族婚禮會著珠衣禮服，日治時期逐漸演變到一般日人服飾，國民政府統治時期，范振興夫婦結婚也是在外購買日常服飾，但當時較富有家庭已穿著西方國家西裝與白紗禮服結婚。

離婚：暴力、外遇、近親結婚是傳統泰雅人的婚姻禁忌，後面「部落故事」也會提到，泰雅人也難以接受無法生育一事，可能因此走上離婚一途，但泰雅祖先主張勸和不勸離，會商請部落耆老來協調、和解。

招贅：過去泰雅社會因生活條件和男女分工，泰雅族人以務農為主，重視家中男性勞動力，嚴格遵守 gaga 對男女性工作的要求，分工明確。若家中缺乏男丁，則許多事室礙難行，才會有招贅的必要性，這同時也反應早期女性喪夫必須再婚的情形，如范振興耆老母親早年喪夫，再招繼父入贅。

四、日常生活

夫唱婦隨，苦樂相依

（一）日本統治

守護樟腦領域，與日征戰

我們族人祖先給我們很大的信念就是，守護我們自己的領域。在我的年代，很多日本人來到台灣，看到我們原鄉山頭裡面有好多樟腦樹，對這個東西非常積極，會到山裡面砍木頭，甚至種樟腦，設立好多樟腦工寮，製作樟腦油，還有另一種白色固體片，一塊、一塊的，在這邊做完以後，就把這些台灣的產物帶回日本。我們族人為了守護山林，常常跟日本征戰。

水稻興作，改善生活

日本來到台灣，跟原住民進入山區征戰、打仗，我們泰雅族武器沒那麼好，最後跟日本和解。日本有個好處是，不計較過去征戰的仇恨，認為我們來就是幫助你們、協助你們生活，所以日本協助我們從事農業，帶給我們原住民泰雅族很大的改變，改變了我們的生活和文化。過去我們是種旱稻，收穫不是很好，很多人因為氣候的關係，吃得不是很好，日本教導我們從事水稻農業以後，進入水稻的年代，有很多外來的、原住民沒有的物品或蔬果，整個農業都改變，我們的生活因此改善好多。

——林明福

高壓統治，違抗者關禁閉室

日本來這邊從事教育，我只有讀到日本學校的二年級就離開了，但是就我所知，日本教育就是做一些人際關係，在家為人處事的規範。日本教育是比較嚴肅的，叮嚀我們原住民一定要遵守良好的生活規範，以前大家都照著這樣的規定來做，不敢違抗命令。

以前我們在拉拉山，日本人教導我們作農田，強制規定一家要揹幾包水泥，那砂石要到大溪河底去揹，一個人要揹一包，幾桶、幾桶都分好了。他規定要什麼，一定要做什麼。當然，日本來台灣不強制也不行，因為以前我們泰雅族有一種抗議的心，所以他一定要用高壓手段。

日本統治時期，假如你違反或是違抗日本人的命令，日本人會給你關禁閉室，大概關一個禮拜，在那邊教育、教導，等你悔改才放你出來。以前沒有法院，當時日本在各個泰雅社區派出所都設有禁閉室，比如你做小偷或是做什麼壞事，日本警察很嚴厲，會把你關在禁閉室裡面，供你吃，不給你餓死，經過一個禮拜，做一個教訓，等你差不多承認、悔改了，再放你出來，這是為了防止泰雅族做一些違法的事情。

那時候日本在台灣用高壓手段統治，我們泰雅族都怕，作姦犯科的事情比較少，幾乎很少犯罪，去那邊一定會悔改，但我覺得很好，特別是日本來這邊教導農耕工作，我們才有稻米可以吃，才可以過正常生活，社會秩序方面都非常好。

種田維生

　　一般我們自己老人家會做園地，像小米園，日本來這邊的時候極力規劃農田區、水田區。我們這邊有三大農田區，都劃分好，日本要我們巴陵人一定要想辦法去挖田、種田，因為只有種田才有稻米飯吃。在我們中巴陵那邊，以前都是農田區，沒有住戶。那時候日本看水源的來源規劃做水圳，只有在我家以下的部落才有，像卡拉部落。高山上沒有水圳，沒有水源，就只能種旱稻、小米、地瓜。以前耕作的牛來自前山，前山很早就有水田，會養牛，我們後山這邊是跟前山的人買牛回來自己養育，再教牠們耕田。那個牛要教、要訓，才會耕田，那時幾乎家家都有養牛。

　　我小時候過的是窮困生活，之後因為政府慢慢改變，生活才變好。因為我是長子，童年我就跟父母一起做工、農耕，做爸爸、媽媽的左右副手。家裡一定要人力，有人力才有東西吃。

──陳松本

日人誠信買賣，秩序良好

　　我印象中，在我們後山地區，看到日本警察帶那個刀很有威嚴。日本管理得很好，調整整個泰雅人的生活習慣，讓社會秩序不會亂。以前泰雅不會算數，不會算多少錢，但是日本人在這邊作物品買賣，不會偷斤減兩，中規

中矩。

——葉陳阿秀

　　爸爸那個年代，日本人在台灣的制度非常嚴謹，一定
要服從，叫你拿什麼東西，一定要去。

——姜元國

▲ 圖 11　桃園廳角板山泰雅人開墾作業。2019 年 12 月 16 日，楊馥祤翻攝自
《臺灣蕃族寫真帖》。

（二）農作與狩獵

　　泰雅女子嫁到婆家就是擔起婆家事務，編織、家務事、農耕、養育孩子、養護公婆，這就是最主要的工作。男人在泰雅族來講，是家裡面的男主人，家的大梁柱，所有外面的工作都是男人來作。過去泰雅族的生活以農耕為主，男人平常要去狩獵養育家人，外面的工作、建築、農業和狩獵的工作都是男人一肩扛的任務。

——林明福

　　男人除了狩獵還要守護部落，不能讓人家來砍我們的頭。

——靛・吉駱

狩獵返家約定

　　我們泰雅的習俗是到了收割、感恩祭過後，大約 8 月或 9 月以後，就是男人的快樂時間，為什麼？家務事都交給老婆和小孩。那男人做什麼？要去狩獵。狩獵有時間性，這段時間每個男人都一定要去山上，要去一個禮拜或一個月，在這時間內他會往返。

　　男人會比較誰獵到的獵物多，就是一個男人英雄。假如你上山狩獵回來東西很少，人家會說：「啊！你這個是

差一等了！」以前是這樣的。還有，以前他們計一天的時間，沒有日曆怎麼記？有的用植物，有的用刻的。山上一定有小工寮，因為怕忘記，他們過了一天會畫一線在樹上，第二天再畫一線。有的是拿葉子，這一天過了放這邊，再一天過了拿葉子放那邊，用葉子來計算日期，才不會忘記。因為跟家人約定好了什麼時候回來，那個時候一個家族都會去等，家裡的女人會跑到登山口去等，幫忙揹那些獲取的獵物。

——陳松明

一般工作時間是春夏秋，通常要看氣候，秋天就是男人出去打獵的時候，爸爸會帶我們去狩獵。農務也會休息，要看體力，不會一天到晚都在工作。我現在八十幾歲，年紀大了，也沒有體力再做農耕，現在是兩個兒子在做。

——陳松本

泰雅人的生活很單純，因為山上都是務農，每天的生活就是早出晚歸、做家事，沒有特殊的東西，男人做什麼女人就跟著做。比方說晚上回來要舂米，舂過米後煮飯，第二天也一樣，早上起來又要煮飯、餵豬、餵雞、上山工作，幾乎就是這樣循環式的生活。

——葉陳阿秀

勤奮工作，循環不已

以前我們一般的泰雅生活，好天氣一定要到山上工作，假如碰到雨天，女孩子就要在家裡織布、做家事，那男孩子就是編織竹器、工具，做背簍、網魚用的那些東西。我們很認真做，日常生活需要的食物一定要自己動手，要舂米才會溫飽，沒有舂米就沒飯吃了，不像現在可以庫存，以前不可以，因為那時候能力有限。

以前男、女孩都要一起工作，男人做男人該做，女人做女人該做，也有分工。但是像舂米很累，男女都要一起幫忙。大家能做一起做，比方說我爸爸以前也會舂麻，那是女人的事，但是我爸爸也會去幫忙。

泰雅人以前的生活很單純也很辛苦，作息、工作都一樣。因為山上都是務農，每天的生活就是早出晚歸、做家事等等，做一些循環的工作，沒有特殊的東西，男人做什麼，女人就跟著做。比方說女孩子清晨三點就要起來舂米，男人也會幫忙，他們舂的米是要過這一天生活用的，不會多舂，夠一天吃就好。

——姜元國

驅鳥器

以前趕鳥的方式是在園地中間放一根竹子，竹子剖開來，我們用繩子連的，園子中間有一個工寮，人在那邊會用竹子穿線拉出來，那個竹子剖開，你這樣弄它會產生很

響的聲音。主人在園裡知道小麻雀要往哪邊飛，放的竹子往那邊一拉可以拉到兩、三百公尺這麼遠，拉出來那邊會響。知道這邊的鳥群飛到那邊，我們也這樣趕走。

　　還有一種小的、手提的，我走在園子旁邊，繩子一拉就會有響聲，就像拍掌一樣，但是那個聲音很響，那個叫做驅鳥器，主要是用聲音去嚇跑他們。我們也會做那個假的稻草人趕麻雀，但是鳥都不怕。

山田燒墾闢新地，種植食材作物

　　爸爸還在的時候，沒什麼事就是工作和開墾。比方說我們要去開墾地上還有很多芒草的地方，就先把草砍好，用鋤頭去挖根，把竹子砍掉，等到差不多一兩個月乾了，就燒這個地方，接著才撒小米、種芋頭，有時候種地瓜、豆子、玉米，這些都是以前我們山上的植物，我們平常吃的東西。

——陳松明

傳統主食

　　泰雅族傳統主食是小米（trakis），還有地瓜（ngahi）、芋頭（sehuy），因為我們以前種旱稻，稻米飯不夠，只有一點點。後山區就是種植水蜜桃、甜柿這些農作物，從以前到現在都沒有改變，山上也是靠這些有經濟價值的作物，沒有種植水蜜桃，家中就沒有什麼收入，

因為我的小孩都在外面工作。

——葉陳阿秀

小米是營養品也能釀酒

我們以前所謂的美食，比較重要的就是醃肉和小米酒。醃肉是要好的親戚朋友來才會搬出來，小米酒不是每天隨便都可以喝，是有一定的時間，例如我要換工，或是我家有事情才拿出來，因為釀酒不是那麼簡單，有很多的程序。

▲ 圖 12 傳統泰雅的主食是小米。2019 月 11 月 20 日，楊馥裪攝。

另外，在我們的記憶裡，小米是我們的主食，黃色小米可以做產婦的重要營養品。以前沒有米酒，吃生肉，用黃色小米煮粥，加一點紅糖，就是產婦最重要的營養品。還有，老人生病時，我媽媽做過，會把小米或大米飯拿來嚼，嚼後曝曬在太陽光下發酵，發酵後就可以拿去餵長者，會很好哦！因為這個是已經發酵過的東西。雖然按照我們現在的理論是不衛生，其實不然，老人家就是要吃這個東西。

──陳松明

農耕工序與祭儀傳承的重要

我們泰雅農耕有一定的工作程序，比方說我們一定要先墾荒，把荒地鋸掉再來焚燒，焚燒過後會再一次整理園子，之後才有所謂的播種祭。依循泰雅告訴我們的農耕工序，有播種祭、摘穗祭，還有感恩祭等等。

因為時代變遷，現在的小孩連小米都看不到，沒有接觸過以前泰雅的農耕方式，所以我們這些前輩要盡力教導後代子孫和推動泰雅文化。我沒有趕上過去那種生活方式，但是我有趕上農耕這個時代，學習一些農耕工作。由於我爸爸是牧師，經常到處奔波，我以前是跟著祖父做農耕工作，在我 30 歲左右祖父才過世，所以我大概知道祖父怎麼過生活。

以骨牌效應鋸木開墾

　　早期我們泰雅祖先沒有容器、沒有工具，就是用石頭那些比較有力的東西，直到很多外族進來以後，經由物品交換，我們才有斧頭、鋸子這些鐵器得以開墾。記憶中，我爸爸去開墾使用的方法，就像骨牌效應一樣。他們不是一個、一個鋸，那會費很多時間，我們泰雅也有這個智慧，我看過，他會先鋸前面底下的，不是一下把他弄倒，他會留下來大概十棵、二十棵的數量，從上面一推，那個木頭一下子就倒下去。大概把上面十棵、二十棵鋸斷以後，從上面利用衝力由上而下，這一片樹木會整個往底下倒，之後再把一根根樹枝解開，分解完後燒掉。

——林恩成

（三）學校教育

戰爭中斷求學之路

　　日治時期，在國民政府還沒到來時，我在蕃童教育所（按：角板山教育所）讀書兩年，姑媽林月嬌（Yagu Hola）就把我接到台北，在日治時期才建校的臺北堀江國民學校跟漢人一起讀書。我讀了六年，要升高等科的時候，就發生第二次世界大戰，日本開始攻打台灣跟美國。由於作戰期間台北開始被轟炸，國家不穩定，學校讀書的狀況也不是很好，學生已經不能安心讀書，所以很多學校學生都離開台北，我也是。那時台北很多學校都遷到大溪，我也到大溪讀高等學校，讀完兩年沒有繼續讀書，就回到故鄉。

——林明福

政令規定禁止使用方言

　　以前國小時代我印象最深刻的是老師教我們要講國語，其實那時候我們就是不會講國語，跟同學講話就用方言講，也不是老師發現的，就是同學說「他講方言」，就這樣子被掛一個板子。

——姜元國

　　我們都有這個現象。我五十八年就當代課老師，國民政府來的時候，我也給學生戴過，我也是罪人。以前板子上寫「請說國語，不說方言」，我聽到學生講，就給學生掛。有時候學生告狀：「老師，他有講！」我就再掛。那時代一定要用方言，用國語講不通，因為政府要監視你，才有這個規定。

——陳松明

打赤腳上學

　　我最沒有忘記的是去學校下雪，下那個冰霜，地上都是冰，我們沒有穿鞋子就這樣走路，腳好冷、好冰，但沒有辦法，還是要走路上學，我們以前的生活就是這樣子，

▲ 圖 13　角板山的蕃童教育所，學生赤腳上學。1930 年，勝山吉作攝。

那時候說真的就是沒有錢。我們上學便當是地瓜，地瓜跟書包一起包起來，到學校書本都被地瓜用得都黑黑的，以前都是這樣子，很辛苦。

家境困難，未完成學業

我 17 歲那時候曾經到新竹聖經書院（按：私立長老會聖經學院）讀書，想做傳道人，但是那時候家境不是那麼好，我的心本來很想繼續讀，但是爸爸沒有錢，我讀了一年，沒有錢沒辦法讀就回家了，很遺憾沒有完成學業。

——姜元國

中學學歷取得不易

以前泰雅的子女只有生活技藝這一方面的教育，從小就已經開始教導，長大過程中耳濡目染，慢慢學習很多技藝。但教育求學的事因人而異，有人家境好，喜歡讀書就去讀書。以前不是我要去哪裡讀書就去哪裡。像我的時代，我趕上了山地獎學金公費生，整個復興鄉國小要考試，取 15 名，第 1 名到第 5 名是中壢中學，第 6 到第 10 名是桃農，我比較不爭氣，我讀桃農，第 10 名 15 名是南投的仁愛高農，以前叫仁愛農校，要靠這樣才有機會讀書，不然就沒有國中學歷，頂多是國小畢業。

——陳松明

（四）家庭教育

在我的記憶裡，媽媽從小就會教導我們做一些家事，比方說舂米、曬米，還有織布。織布是一般泰雅女人最需要且一定要學會的事。

我媽媽上山工作前會交代我做家事、清理家裡，以前家屋地板是泥土，假如整個都是灰塵，表示我沒有一邊清掃，一邊把家裡地板用水調和。媽媽回來總會將她出門前交代做的事檢視一遍，所以我一定要做到媽媽吩咐的事，否則媽媽會責備我：「妳是個懶惰的人，不是一個很勤快的女人。」

我認為在家帶小孩，第一個，家庭身教最重要，小孩一定要看父母親，父母親做不好，兒女一定會這樣做，一模一樣。在我的經驗裡面，從小就要好好教導孩子，因為我們家庭有很好的示範教育，所以我的小孩沒有變壞。

——陳簡初美

在國民政府時期的子女教育程度大概都在國小，因為時代變遷的關係，當時沒有國中，更不要談高中、大學。我們會鼓勵肯讀書的小孩去唸書，但是因為山上以務農為主，需要人力，所以一定要留在家裡幫忙工作。

——葉陳阿秀

我小時候每天都跟爸爸一起工作，去河裡紮營、抓魚或是釣魚。颱風時，水大要去撒網網魚；平常打獵也是，看爸爸怎麼做，我也學到了。

我們泰雅小孩子不會違抗父母親，因為我們有 gaga，他真的不會違抗。以前泰雅社會比較溫和，對小孩的鞭策，不像日本教育拿鞭子教導，小孩會遵從、孝順父母，如果一個孩子不孝順父母，這個爸爸、媽媽會給你詛咒，你的子子孫孫一定會遭不幸，所以一定要孝順父母。

——姜元國

他能夠墾作當然就是爸爸、媽媽教出來的，因為我們在這個社會、家庭裡面一定要看爸爸、媽媽。我們泰雅的生活一定都很拼命，假如不拼命哪來的東西可以吃？哪來的東西可以養你的子女？要養家糊口不簡單，以前沒有生病的時間，沒有偷懶的時間，所以他說：「從小跟爸爸、媽媽學習的東西很多。」

——陳松明

以前的教育重倫理道德。我很小的時候爸爸就過世了，很多的教導都是從媽媽那邊來的。媽媽特別叮嚀我要做一個很正直、很公義的人，所以我在 35 歲的時候競選鄉民代表，很如願地當選了，後來五連霸，每一任四年，

五連霸完成就二十年了，我一生到現在有這樣的成就，都
要歸功於媽媽的教導。

——范振興

（五）紋面

女孩子要嫁人，第一個要紋面，沒有紋面不可能嫁出去。有紋面，代表到婆家去所有的生活技藝，不管是編織的技藝、養孩子的技藝、養公婆的技藝通通都有，你就是真正的泰雅族女子，可以成立一個家。沒有紋面的女人沒有男人要，這是很正常的。一個女子經歷了紋面，就是已經成長，有泰雅女人的技藝。

▲ 圖 14　林明福耆老姑姑的紋面照　2018 年 11 月 20 日，蘇星燕翻攝。

——林明福

我們沒有紋面，但是爸爸媽媽都有紋面。日本來時已經禁止獵首級，我爸爸他們也沒有去獵首級，紋面只是說他有能力了，不一定有獵到首級。我知道有紋面就可以嫁娶，沒有被紋的話會有一點被人質疑能力，大概有智商的問題，紋面等於是證明你有謀生能力。女性年齡到了，有技能了，家族公認後就會紋面，不完全是因為年齡。因為

以前沒有年曆，也沒有戶籍登記，不知道幾歲，就是看狀況、身高、技能，大概你的年齡差不多就可以，有的 15 歲，有的 16 歲，也有 18 歲，不一定。不過像我爸爸那個年代的後一代就沒有紋面了。

——陳松本

▲ 圖 15　林明福母親與夫人照片。2018 年 11 月 20 日，蘇星燕翻攝。

（六）服飾

　　我趕上了穿現代服飾的年代，沒有穿過泰雅的傳統服飾。不過我熟悉織布的 gaga，小時候聽過媽媽教導要怎麼做。我對織布很在行又有想法，會自己設計織布紋路。

——林高淑瑞

　　男女性日常穿著不一樣，男性就是一件背心和一件丁字褲；女孩子是一件像布裙一樣，但是有遮掩的部份，不然很容易露餡，女人這部份比較神秘，要特別保護。

——陳簡初美

　　男女服裝的區別就是，男的一定有披風和短褲，那是自己編織的，以前泰雅男生要穿丁字褲，但我沒有看過以前那種丁字褲。女生一樣是用類似肚兜遮住胸部，以前沒有內衣褲，只用圍裙把重要部位遮住。

——葉陳阿秀

　　我小時候曾經穿過粗麻做的衣服跟褲子，那穿起來很難受，尤其下雨的時候，皮膚都會摩擦，但是當時沒有穿也不行。我們泰雅小時候沒有鞋子穿，所以我們腳趾頭都

有厚厚的繭，到山上也不怕被刺，可是下雪的時候腳趾都
會冰凍、裂開。

——姜元國

　　雖然我們泰雅族服裝不是很齊全，不像現在包紮的很
好，有時候無意間會露餡，但是我們泰雅的 gaga 不可以
隨便，比方我看到你的就說怎麼樣，那個是忌諱，不能說
也不能看。

——陳松明

▲ 圖 16　復興區羅浮里尤力‧阿茂（宗貞嫻）穿著自己織成的泰雅傳統服飾
作為結婚禮服。2019 月 5 月 5 日，楊馥泇攝。

（七）遊戲

　　我童年讀書的時候，日本有一個類似柔道、相撲的文化，我在學校時對這個非常感興趣，因學校同學會參加柔道比賽。另外，我們泰雅族文化過去有狩獵的技能，我常常玩弓箭，老人家會帶我們學習弓箭、狩獵文化這部分。

——林明福

　　我以前小時候的童玩有陀螺、竹蜻蜓，竹蜻蜓是用編織的，還有一種玩具，壓下去--彈出來，哪一個倒下去誰就贏。比方說我們兩個賭，把它壓起來，這個代表他，另外一個代表我，看你手的輕重，主要是利用竹子的彈力，彈力不一定，一壓下去這樣一彈，往這邊倒就是他輸了，再放一次，彈下去，這兩個東西倒下來，我就輸了，倒向誰誰就輸。

　　陀螺的材料是比較堅硬的木頭，用繩子打，弄起來會碰來碰去，以前我們是把陀螺丟到米篩，陀螺丟下去，會在裡面撞來撞去，把另外一個推掉，就是他贏了。我們兩個一起投陀螺，我丟過去，你也丟過去，厲害的甚至還裝釘子，一個陀螺裝釘子，釘子上去會受傷。

——陳松本

（八）安全防衛

瞭望台

　　我們泰雅社會每一個社區一定要有瞭望台（r'ra'），目的是瞭望、守護，還有娛樂，比方說男女可以上去聊天，但是不可以隨便。它有一個木頭階梯，如果男生去求婚，女生對他沒有好感，不肯答應，大家就把男、女生兩個放上去，再把木頭階梯拿掉。那這兩個人怎麼辦？不能在那目瞪口呆，一定要講話，所以瞭望台就是培養感情的場所。我們泰雅社區一定要有這種高塔，這是很慎重的意義，現在也可以當作地標。

——高隆昌

▲ 圖 17　復興區「樂信瓦旦紀念公園」中的瞭望台。2018 月 2 月 8 日，楊馥翎攝。

防空洞

　　我們泰雅族跟日本戰爭的時候，每一家都要挖一個防空洞。長輩告訴我們，有警報的時候，我們一家人一定要躲在防空洞裡面。以前戰爭、戰亂時期，為了自保大家一定會躲在那邊。

──葉陳阿秀

▲ 圖 18　作者與葉陳阿秀耆老、陳松明耆老及葉陳阿秀的媳婦合照。2018 年 10 月 24 日，游靖儀攝。

（九）衛生醫療

竹子裝水，沒有刷牙

以前沒有肥皂，吃東西前也沒有洗手、洗腳。以前都是用竹子裝水，沒有水桶，沒有盥洗東西，更沒有刷牙。以前不會刷牙，也不用牙膏，手髒就是沖一沖而已，但是牙齒還是保持得很好。

——陳簡初美

以前我用洗米水和無患子洗頭髮、搓全身，再沖一沖，但之前沒有充分的水。

——葉陳阿秀

以前我們的清潔劑是無患子，但是洗澡一定要到河裡，假如你的家不在河邊，一定要找一個有沼澤、溪水的地方，那時候你就要帶一些東西去洗。以前沒有什麼容器，沒有水桶，是用葫蘆。葫蘆乾了以後把它切掉可以做容器，類似可以舀水的水瓢。

過去就是把身體擦一擦，不像現在這麼享受，清潔劑弄得乾淨。不過，以前雖然沒有什麼清潔劑，或許感覺不衛生，但泰雅族沒有什麼大病。

像我們晚上睡覺，以前沒有鞋子穿，我們要睡的時

候，一定是一個床鋪底下有火炭，以前也沒有棉被，要睡覺以前，把腳上灰塵搓一搓就好了。

——姜元國

　　以前洗澡都隨隨便便，沒有水缸，沒有在澡盆裡洗澡，我們晚上睡覺，沒有水可以洗，腳拍一拍就上去了。以前的衣服不像現在的衣服這麼好，是很單薄又簡單的衣服，一件可以穿一個禮拜也不用洗。以前衣服大概是太髒、污垢太多，都會有一種類似跳蚤的寄生蟲，我在烤火邊晾衣服、烤衣服，就會有寄生蟲爆炸的聲音。

　　以前的床是竹床，有空隙，裡面放火炭。沒有什麼被子，只有 pala 布匹，所以晚上睡覺時，一定有一個人看火，不然屁股會燒焦。你說太熱了，他會把火鬆散，太冷他會加火炭。夜裡大家會輪流看火、輪流睡覺。我有睡過，我睡覺的時候會翻來覆去，睡不好。

——陳松明

◀ 圖 19　復興區立歷史文化館展示泰雅族傳統竹床。2019 月 11 月 20 日，楊馥裪攝。

　　以前我們老年人工作，或是父母親工作有看到水，就會把身體隨便沖一沖。冬天孩子回來，媽媽一定要煮一些溫水給他們洗澡，但是當時沒有所謂的洗潔精、肥皂，只有無患子，把它打一打，有泡沫以後，抹一抹身體，再沖一沖就可以了。

——林恩成

　　我記憶中以前沒有什麼洗潔劑，用水很不方便，也沒有洗澡間。洗澡一定是在白天找一個有溪水的地方，把腳拍一拍、沖一沖就好了。不過我們不一定每天洗，以前不洗澡也很好睡，皮這麼厚，流汗也無所謂，可是現在一天不洗澡就覺得癢癢的。

用水與食器

　　以前把竹子剖開，把竹節拿掉，一根一根接到房子外邊，用來接山泉水，這不能放到房子裡面，因為當時沒有水泥，只能放在屋外。

　　以前沒有水桶，都是把葫蘆、南瓜等瓜類的東西曬乾以後切開，把裡面的東西拿掉，做成器皿。小東西也可以做碗，以前的碗是用木頭刻一刻、鑿一鑿成碗的樣子。以前生活大概就是這樣，就是使用竹子、木頭，沒有鐵器。

——范振興

▲ 圖 20　復興區立歷史文化館展示泰雅族的葫蘆器皿和各
　　種竹製水桶、食器。2019 月 11 月 20 日，楊馥祤攝。

野外如廁到屋外茅廁

以前上廁所就是用木枝，或是闊葉，採來擦一擦就好了，日本來還沒有衛生紙。

——陳松明

以前的茅廁很簡單，有的挖一個洞，有的做一個架子，底下是豬狗，我們放東西出去，有豬和狗在那邊，沒有飼料，牠們就吃這個。我小時候因為家裡喜歡養狗和豬，上廁所就隨便放，沒有什麼廁所，沒有開關，也沒有隱蔽，我知道放下去豬就過來，那些排泄物就沒有了，豬會把它一掃而空。

——范振興

藥草急救治外傷

有一種芒草芯，一般你受傷了，把芒草芯摘來，用嘴巴絞碎，放傷口有止血的功能。百合花，有一種膿瘡，裡面有一個頭，用這個百合花的籽，ユリの花 (Yuri no hana)，打碎後貼在這個膿瘡，一天後它會把那個膿瘡全部弄出來。還有一種是做年糕的那種糕，我們在火上面把它稍微烘一下，貼在膿瘡那邊，過一天以後你拔掉，那個膿瘡就會出來。

還有一種是灰，我們以前要燒灰，可以止血。以前我

們消炎要用消炎藥，受傷了，像紋面沒有藥物，要拿那個炭灰，我們燒炭屋頂上面的炭灰，不是木炭，有受傷，你擦就會好。像我爸爸閹小公豬，閹割以後，他就會拿屋頂上的煙灰，擦一次就好了，不用重複擦，閹雞也一樣。

最後，有一種是以前人家抽菸的菸斗，煙斗的桿子裡面一定會有一些汁在裡面，黏黏的，我們用東西把裡面的黏汁取出來以後，放在傷口也會消炎。

——高隆昌

以前大概我們的抗病力或抗菌力比較強，免疫強，像我們烤地瓜，連那些黑黑的都照吃下去，我們山上的動物有蛆，一樣可以吃，也不會有問題，因為難得有這些東西吃，一定要吃下去。像我們做年糕，去前山弄回來，沒有冰箱就擺著，它會生霉，我們在火旁邊烤一烤軟了，一樣切一切吃下去，也不會生病，我們都習慣這樣的生活。

我們沒有生病的本錢，生病也沒有醫療，拉肚子頂多拿個草藥吃一吃。以前老人都知道什麼病可以拿哪些植物，他會給孩子吃，比如拉肚子有拉肚子的植物，可以採來吃，感冒流鼻涕會拿很多東西給你吃，我有吃過。

——陳松本

瘧疾衝擊

我生長在單親家庭，爸爸在我幼小的時候就過世了，由媽媽來維持我們家庭的生計。我們兄弟姐妹中，只有一個男的，我上面有三個女的，這三個剛好碰到瘧疾病 marariya，原本 yaki（祖母）沒有得，但是她幫爸爸、媽媽做事，最後也得了瘧疾，所以我們家庭陷入困境，生活比較艱困。

▲ 圖 21　林高淑瑞耆老。2018 月 10 月 16 日，蘇星燕攝。

我媽媽是一個非常堅強的人，她會犁田、種田，樣樣事她都會做，非常辛苦。我從小就跟媽媽做事，因為我四歲時候爸爸就去世了，所以我什麼事情都一定要跟我媽媽搭配。

——林高淑瑞

以前沒有什麼大病，大概泰雅族有這個抗體，差不多要走的時候才有大病。當然現在不一樣，那是食物的問題。

——姜元國

急救都用草藥，連狗都會自治

我知道幾種草藥，比方說止血一定要用芒草芯，要嚼過以後加唾液，出血時放到傷口，大概不用十分鐘就能止血，那是簡便的急救方式。還有一種野芭樂，是拉肚子時用的，把那個芯嚼一嚼吞下去就可以了。

假如說你拉肚子嚴重的話，常見的草藥是芭樂芯這個新葉，加一點鹽巴一起吃下去。假如被蛇咬到，我知道有一種爬藤類的草藥，可以治好毒蛇咬，但是目前很不容易看到了。還有一種膿瘡，是用苧麻的根搗碎後鋪上去，會把膿抽出來。

像那個狗生病了，本來很疲倦、無精打采，牠也很聰明，自己會進果園或竹子園，找一種草藥，吃回來以後馬上見效。以前我養的狗，我們這邊有環保人員施放老鼠藥，那狗吃了老鼠藥後中毒，跑到深山裡面，失蹤了兩天，兩天之後就安然無恙，還很健康。狗也會去找那個有療效的東西，但是我們不知道牠吃了什麼東西，因為那藥草長在隱密的地方。

意外死亡，當天埋葬

我們的聚落就是山區，以前我們住在山上的原住民泰雅族幾乎沒有什麼大病，小小感冒自然就有抗體，病很重大概就待在家裡，像瘧疾、麻疹傳染病。麻疹的話還有救，瘧疾最嚴重，真的中了，大概也差不多了。

以前有傳染病時，人怕被傳染，其他人不會進入，所

以以前也有一些疾病防治的觀念。比方有人往生，只有我這個家族才能進去，其他家族不會去，因為不知道他的死因是傳染病，或是怎樣，他們不會過去，所以比較不容易產生傳染途徑。

印象中我媽媽告訴我，我的舅舅無意間死亡，我們家族晚上就把舅舅送到墳墓去了。我媽媽一早起來問：「我弟弟跑去哪裡了？」他們告訴我媽媽：「已經送去埋葬了」。當時連我媽媽都不知道弟弟已經被埋葬，不知道弟弟去哪裡了，一問之下才知道弟弟已經走了。這個處理速度之快，主要是因為民風保守，怕會傳染到什麼東西，影響到這個地方。

以前我們社區一有個什麼傳染病就會被攻擊，因為意外死亡的人，我們叫做不明死亡，家族的人也會怕，所以當天晚上就把舅舅送走，偷偷地埋葬了，完全不敢拖延。

——范振興

巫婆協助生產，孩子臍帶乾了才能帶上山

我孩子是自己生的。以前泰雅婦女生產，頭胎因為沒有經驗，會請巫婆幫忙一下，第二胎、第三胎就有能力自己生、自然生產。我要臨盆的時候，會先燒熱水準備，小孩順利生產後我會自理，先生也會來處理臍帶那些東西。我們泰雅女人很屬害，生完孩子第二天就可以工作，不是在床上睡一個月。嬰孩臍帶斷掉以後，我不會隨地丟，會

保存好，因為那是生命的遺產，不能隨便丟。臍帶還沒有完全乾以前，我不會帶小孩到山上，等小孩臍帶好了以後，才能帶出去，才可以上山工作。以前嬰孩沒有滿月都是帶在身上，用吊床掛在樹上面，就去工作了，不會依賴老人家，都會自律。

——陳簡初美

以前阿嬤也有跟我講，那時候有一胎生不出來，後來走掉了，阿公把那個小孩子拿出來。因為我們這邊更遠，醫療資源肯定比較缺乏。我老婆是由我自己助產，我學獸醫的，怎麼剪、怎麼消毒、怎麼洗，我都會。不然以前生產哪來那麼多護士，交通也不方便。

——陳松明

（十）換工（sbazyux）

我過去有經歷換工，一整個家族大家互相幫忙。

——陳松本

我們泰雅社會以前有互助合作的精神，如果我做一塊園地，我要收割，我的人工不夠，就用換工的方式。這一天插秧，先做你的，插秧你一個人來做的話，大概秧苗都已經過時，剩下的就老了。我們要很多人力，那這個家族，或者是家族旁邊的人也會幫忙弄好。今天先做你的，明天再換別人的，這樣效率比較快。假如你一個人單打獨鬥，就沒有辦法做，整個都荒掉了。

——高隆昌

我們泰雅社會一定要換工，只有一個人做，做不了很多，比方說建造一個房屋，一定大家一起做，不是你一個人可以做的。換工是今天你做我的，明天做他的，這樣做起來比較快、效率比較好，很多事情都是一定要用換工的方式，你做我的，我也做你的，這個是一個很好的現象。

——姜元國

我們泰雅生活中會分享和相愛，比如男人上山打獵回來，有獵物一定要分享給部落，假如你吝嗇沒有分享，下次就會敗興而歸。再來，我們這地方的人也會去幫助部落中生活比較困苦的人家。我們播種、收割也有換工，今天做你的，明天做我的，因為人多工作可以做得很好。我們泰雅有這種相愛、同心的文化，我覺得很好。不過現在已經沒有換工了，現在要靠自己，還有用錢。

——葉陳阿秀

換工的目的是把家裡要做的工作盡快完成，講求時效、速度。我們泰雅大概每一個地方都一樣，我們泰雅社會能夠互相團結在一起，互助合作就有換工的現象，換工就是我們一家、一家交換。

一個人做有限，不能單打獨鬥。我記憶中蓋一間房子，因為大家分工合作的關係，一天就可以做完。早期該做的東西、預備的東西他都分好了，你要做什麼都分好了，整個村莊集結起來一起幫你做，一天就可以把它蓋完。

——范振興

（十一）搬家、遷移、分家

　　一個家族人口多了，一定要搬家，另起爐灶，自己過生活，不會搬到太遠的地方。當然也有某種狀況，比方說我要搬到巴陵去。如果是看到那個地方很好，要把這些人帶過去，這個情形叫遷移。因為我媽媽的心態還是有一些泰雅文化傳統，不希望小孩搬離太遠，所以我這一代的兄弟都住在附近。

——范振興

　　搬家的原因很多，但最主要一定是有人往生，要放在床底下，一段時間後才能搬，為的是要照顧他。一段時間後你不搬也不行，那個裡面已經有這個東西，一定要另外蓋一個房子。其他比方說我要找另外一個更好的地，他們會商量我們搬過去，或是有順序地搬家，哥哥先去，弟弟留著，先守護這塊地，等哥哥那邊做了已經成形，有東西可以吃了，他會把弟弟帶過去，這是搬家的程序。當然兄弟多了一定要分家。

　　又比方說我姊妹夫不能住在一個屋簷裡面，嫁出去的女孩子家裡有問題，回來一定不能住在爸爸、媽媽的家，不能跟家人住在一起，要另外蓋一個房子給她住，這是某種原因的搬家。

——姜元國

自建房子

我這個房子屋齡三十年以上了。我原本住底下的土造屋，那邊火燒以後才搬來這邊。這邊原本是工寮，是我以前在這邊工作時休息的地方。後來因為火燒屋，才慢慢把工寮改建成這個房子。

▲ 圖 22　陳松本背著自製的竹簍。2018 年 11 月 14 日，游靖儀攝。

這房子是我自己設計完跟孩子一起蓋的，因為我跟爸爸學過怎麼建造房子，就是先看爸爸他們怎麼做，我也跟著怎麼做。以前沒有路，這些材料都是扛上來的。

——陳松本

▲ 圖 23　陳松本住家外以木頭和竹子自建的工寮。2018 年 11 月 14 日，游靖儀攝。

（十二）生活轉變

從封閉生活到以竹子作為經濟來源

　　北橫公路開通以後，高義這邊的生活就開始改變，以前的生活都差不多，有了北橫以後，才有竹子做為生活經濟來源。砍竹子這段時間最辛苦，因為最早期竹子的價格很低，後來因為業者競爭才慢慢地提高，這個也是我們整個高義的生活經濟來源，這個竹子是最堅固的。另外，我們還有種香菇、果樹，現在整個生活環境改變，家家都有車，很方便。

　　原本我們是封閉的社會，僅止於這個小圈圈裡面，這個北橫公路開通以後，加上時代的改變，我們看到了另外一個世界，會有一些渲染，產生不同的觀念，對世界也就慢慢改觀，特別是我們的倫理道德。太太以前以為這個部落是全世界，以為只有我們自己，旁邊都沒有人，我們今天住在這邊，如果老人死掉了，就埋在那邊。

——范振興

傳統祭典文化消失

　　我們以前的祭典文化儀式幾乎都要消失了，因為用宗教取代。宗教的儀式不注重傳統文化，因為宗教專門做聖經的教導，以至於我們以前傳承的文化都沒有了，現在處於危機、斷層階段。過去泰雅文化真正比較傳統的那種儀

式幾乎都消失了，現階段我們才想說慎終追遠，向過去學習，讓我們的子弟了解我們的文化，才又開始說做這個、做那個，其實整個文化層面都消失了。

——姜元國

　　我沒有碰過祭儀的事，因為國民政府統治，加上宗教進入，以後祭儀大概都沒有了。

——范振興

（十三）宗教信仰

宗教觀念與 gaga 一致

我們泰雅族文化過去有 gaga 習俗祭典，以前我當過牧師，傳過福音，在接觸福音的時候，從信仰觀點看過去泰雅族祭典的習俗，好像對神和祖先的敬畏心一致。

泰雅族過去殺豬是文化，可以贖人家罪，現在我們殺豬，殺完豬以後透過信仰來禱告，這個雙重神觀符合今天的信仰問題和生活方式。

我們過去都是過燒烤生活，抓到野獸都是燒烤，回應的意思，在我讀舊約聖經的時代，不管是摩西或那個時代，都會做祭壇，敬神的時候也是用燒東西回應給神，所以過去泰雅的生活方式，燒烤文化和聖經所說「敬畏的心」不謀而合。我從信仰來看，過去文化的認知好像和神觀一樣，所以我一點衝突都沒有。

但是過去這幾年中，很多不懂、不認識泰雅文化習俗的神職人員，對今天的信仰產生很多不同的反對，認為把過去祖先的 gaga 帶來這邊，好像跟信仰有衝突，但是我認為 gaga 的問題一點衝突都沒有。

——林明福

宗教不重視泰雅傳統文化

我是基督教真耶穌教會，自從宗教進來之後，有很多

改變。早期我們原住民社會都有酗酒的現象，但是福音來到我們部落，很多人信了教以後，因為要遵守宗教教義，就沒有這些習慣了，整個家庭會比較和諧，不會爭鬧。

我期許小孩子能夠在宗教裡面過好的生活，生活上不要有脫序的現象。我們族裡面沒有在教會的人比較容易學壞，有在教會的孩子比較不容易學壞。父母以前也熱衷宗教，為人處事都比較正派，父母親也這樣交代我，在教會要努力，生活才會被祝福。

我們已經接受基督教信仰，知道唯一的途徑是走這條路比較好，福音沒有來以前都是泰雅文化的生活，福音來以後就當然是大同小異，整個為人處事、人際關係都一樣，只是在祭儀這方面不太一樣，因為宗教裡面沒有鼓勵過去泰雅傳統文化，所以比較不強調也不會流傳泰雅的傳統故事，跟大家有一點斷層。

我有聽過一些泰雅故事，但是不強調也不重視。有的宗教著重領命，有些宗教會做一些文化傳承，都不太一樣。我小時候跟爸爸他們有接觸泰雅歌曲，但是我沒有學，平常也不唱。

——陳松本

（十四）生活習慣

燒木頭取暖

　　以前泰雅傳統沒有鐵器和鐵爐，也沒有厚衣服。我們是就地直接燒火、燒木頭，燒那個很熱，一定要這樣烤火、取暖。

▲ 圖 24　陳松本耆老仍有燒火取暖的習慣，現已改為火爐燒柴。2018 年 11 月 14 日，游靖儀攝。

日人教做草鞋和木屐

　　我們小時候沒有鞋子穿，山上打獵也沒有鞋子穿，冬天下雪還在打赤腳。日本人來的時候教我們用稻草做草鞋，從此我就會自己做草鞋了。那時候都要做草鞋才有鞋

子穿，還有做木屐，也是日本教的。日本來了之後，我們就跟著穿鞋子。

——陳松本

雞鳴、人影和鳥叫提醒作息

過去泰雅人怎麼知道作息的時間是早上、中午還是下午呢？每家一定有養雞，早上大概 3 點、4 點 10 分時雞會叫，我們就知道要天亮了，要準備東西，我們早餐叫 klama，準備好先吃早餐。到了中午，一個人站在陽光底下看那個影子，我們叫 kryax，看那個人影最小的時候，已經是中午了。那晚上怎麼辦呢？傍晚時分，我們在做園地的時候，有一種鳥叫，牠的聲音嘎咕嘎咕，每天都會叫，提醒你傍晚了，要準備回去了。

植物成長作季節區辨

以前沒有時鐘，要分辨季節的話，春天就是看植物長芽，我們叫 tmanguw abaw，植物開始長芽的時候叫做 tmanguw abaw，那夏天天氣很熱我們叫 bagan，那秋天我們是看那個植物要落葉了，我們叫 hoqan abaw，秋天葉子都會掉了，他們就知道這個是 hoqan abaw，冬天當然是很冷，叫 qmisan。

——陳松明

（十五）泰雅吟唱

　　泰雅吟唱內容很長，要靠吟唱人的記性，看什麼樣的場面意義用什麼。唱的時候要做起伏，就像串珠穿針引線一樣，比較隨性把它唱出來，一般是從我們泰雅的發源地，從南投那邊怎麼遷居，所有的遷徙經過，到哪個山頭，哪一個祖先，哪一個頭目，把人帶到哪個山頭，哪個山頭是誰的，哪個平原又是誰的，這個裡面都有敘述。此外，裡面還帶有一些古訓，祖先的訓斥，叫你不要做什麼，內容很深奧。

　　為什麼我們泰雅族以前沒有文字，只有語言，但可以把文化延續下來？就是用 lmuhuw 詩歌代代相傳下來，假如沒有文字，又沒有吟唱，這個文化就沒有了，還好有保留這個語言和歌唱輔助，我們才知道祖先到哪裡，你屬於哪個山頭。

　　泰雅族用音樂口述歷史，不是一般場合隨便唱，是有節慶、有婚嫁的時候唱。婚嫁那一天，親家母、親家公要刻意留住兩、三天，我們有小米酒讓他們繼續喝、繼續吃，重點是晚上營火，家屬要老人家當代表，帶著家屬在那邊吟唱，他們唱泰雅族的整個故事源由，這就是自然的口述記憶傳達。

　　泰雅吟唱一定要有兩個人對唱，還有一個在旁邊作裁判，這個裁判有時候會說：「唉呀！先生你漏詞了，這個詞不對，換我來吧！」因為他口渴了，想喝一杯小米酒，

唱過以後就可以喝了，幾乎就是這樣輪流喝一個晚上、兩個晚上，大家聊天、喝醉、歡樂在一起，培養感情。

為什麼我們不會忘記祖先，我們的祖譜一定是代代相傳，我的祖父、曾祖父是誰，我的後代子孫一樣，我取那樣的名字，它會反覆過來，你在族系裡面才知道我是什麼。我中間有泰雅，你唱出來以後，或者是你認出我的祖先有這個泰雅名字，才能代代傳下來。

因為這樣不斷反覆延續，我們才會知道泰雅的文化，沒有這個，我們都會忘記泰雅文化，因為過去沒有攝影機，沒有記錄。

——陳松明

過去祖父和爸爸會教導我一些生活規範，爸爸雖然當牧師，也是依循著祖父的教導來維持整個生活，我們特別重視生活規範和 gaga。我對祖父的印象深刻，他是很嚴肅、勤勞的長者，不管過什麼樣的生活，他一定按著規範做，而且我的祖父最擅長吟唱，這個吟唱告訴我們子孫整個泰雅生活規範、生活遷徙、人物等等。祖父有這樣的專才，教了我的爸爸，爸爸又教了我，因為這樣耳濡目染下，現在我們都很善於吟唱。

泰雅文化是我們傳承過去祖先留下來的文化，文化的首要重點是紋面，有紋面才是真正的泰雅男人或女人。文化之所以能夠傳承，是因為我們有 lmuhuw。lmuhuw 是用

吟唱的，沒有文字，但是我們仍然可以表達、敘述、紀錄
過去的泰雅文化，這是非常珍貴的一件事。

　　婚姻一定要抱著很嚴肅的心情，先請對方來談，在談
當中不是隨便吟唱，要先把結婚這個事情了結，有一個結
果之後，為了表示慶賀、高興，他們會聚集，以一對一或
者是三個這樣，一對、一對來唱，或者女、男方會派人一
起吟唱，主要的意義是歡樂，獲得結果的意思，但最終目
的是教導文化，主要的涵義是叮嚀孩子以後的生活規範。

——林恩成

▲ 圖 25　林明福耆老年輕時在教會留下的身影。2018 年 11 月 20 日，蘇星燕
翻攝。

（十六）傳說故事：懶惰的下場

我聽過兩個傳說，一個是「人變猴子」，形容一個懶惰的男人。有一個男孩子跟著父母去山上工作，因為他有一種惰性，所以當他工作的時候，他的小鋤頭柄一挖就掉了。他心想，這工作太辛苦、太累了，把這個鋤頭柄拄在尾椎這邊，就往果園走。他跟猴子為伍，就變猴子了，這是形容一個懶惰男人變猴子的故事。

另一個是「懶惰的女人」。一粒小米粒不是很小嗎？小小的米粒把它分成四分之一，那個已經是最渺小了。以前把四分之一拿來煮，可以供給一家人吃，但是這一個女孩子煮的時候，又多拿了一粒小米粒，那個水一煮開，米就突然間爆出來飛上天，就跟小麻雀一樣，這個是一種懶惰的比喻。第一，因為她懶惰，不要煮那麼多次，第二，她想要節省，不要做那麼多東西，舂米也不要舂那麼多。

這個小米粒變麻雀以後，牠就傳了一句話：「你們辛苦工作的農人們，以後我的同伴變很多，你們當然沒有收成，你在世上不要那麼勞累，不要種那麼多，我們小麻雀會把他吃掉。」所以人不能偷懶，否則會變麻雀。

——姜元國

五、傳統工藝

男者編，女者織

（一）編織技術

影響我最深的是我爸爸。我爸爸很會編織，他還在的時候很認真，只要一下雨就是編織。他民國 51 年過世，民國 40 幾年那時候他一直在編，什麼東西都編。我國小的時候一直看他怎麼編，才學到爸爸傳下來的這

▲ 圖 26　姜元國耆老戴自編藤帽。2018 年 10 月 24 日，游靖儀攝。

些手藝。但是我年輕的時候沒有編太多，一直等到大概 50、60 幾歲我當村長時，大約民國 92 年，我才想說多編一點。

我應該是民國 60 幾年時編第一頂藤帽，這個藤帽是民國 70 年開始編的（按：指照片中的藤帽）。這個藤帽是我有生以來第二頂帽子。第一頂我上個月才交給我的第四個女婿。我編的時候懶惰，沒有一直做，做一下子就擱在那邊放著。背簍可以用兩種東西編織，一個是黃藤，一個是竹子。因為削藤要削很細，比較難，我就慢慢削。我也會編那個米篩、背簍、畚箕和魚簍，也是我爸爸傳承的，他還會編抓魚的八卦網。

——姜元國

藤帽有散熱、防刺、置物、舀水兼防雨功能

　　黃藤做的帽子有什麼作用？第一是散熱，第二是材質硬，類似鋼盔，我們去山上的時候，有刺不會刺到，再來我們泰雅也很聰明，假如用山羊的血放在這邊，塗抹凝固以後不會變。第三，以前分豬肉的時候，就放這邊。第四，我去山上要喝可以舀水，沒有水了，或我到山上狩獵要煮飯，有這一頂帽子就好了。第五，下雨天因為有這個血在那邊凝固，雨水不會滲透，頭髮也不會濕。

——陳松明

▲ 圖 27　林明福耆老送高隆昌耆老的自編藤帽。2019 月 10 月 30 日，楊馥祤攝。

魚簍

　　魚簍（takil）是我用竹子削成一根根之後編製而成，我在河邊抓到魚就放進去裡面。因為竹子做的碰水幾年後會爛掉，後來我就改用塑膠製的開口，下方網袋則是我自己用尼龍線編的。

魚筌

　　魚筌（waya）是我用竹子編成，用黃藤和細鐵絲纏繞固定，形狀像漏斗一樣，魚順著水流游進魚筌底部就出不來而被捕獲，我可以從側面蓋子的開口把竹子拉開，取出魚。因為魚筌有小洞，小魚可以從縫隙中溜走。

——高隆昌

▲ **圖 28** 高隆昌耆老製作之竹製和尼龍魚簍。2019 月 10 月 30 日，楊馥翎攝。

▲ 圖 29　高隆昌耆老使用竹子、藤和鐵絲製作的魚筌。2019 月 10 月 30 日，
楊馥裪攝。

網袋與肩帶

　　我製作的負薪架，肩帶是以棉線弓織而成，金色的肩帶（Wakil）是這五年織的，長度大約 52 公分左右，也是使用尼龍線，網袋的肩帶則是用外面買的尼龍帶。

——高隆昌

▲ 圖 30　高隆昌耆老製作的負薪架，可以拿來揹木柴。2018 年 10 月 16 日，蘇星燕攝；2019 年 10 月 30 日，楊馥祠攝。

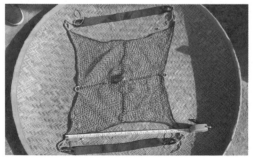

▲ 圖 31　高隆昌耆老用梭子編織的網袋（Tokan）非常厚實，可以拿來揹負日常外出用品和大型獵物。2019 月 10 月 30 日，楊馥祠攝。

▲ 圖 32　高隆昌耆老製作及購買的泰雅傳統工藝品。2019 月 10 月 31 日，楊馥翎攝。

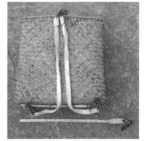

▲ 圖 33　高隆昌耆老製作的藤簍，寬 53 公分，肩帶使用現代線材。2019 月 10 月 31 日，楊馥翎攝。

▲ 圖 34　高隆昌耆老製作藤簍時使用的小刀。2019 月 10 月 31 日，楊馥襯攝。

▲ 圖 35　林明福耆老家中獵刀。2018 年 11 月 20 日，蘇星燕攝。

▲ 圖 36　高隆昌耆老和復興區立圖書館靛‧吉駱館長示範獵刀垂掛使用方式。高耆老的獵刀都是跟山下打鐵匠購買，刀鞘則是自己用木頭手工製作的。2018 年 10 月 16 日，蘇星燕攝。

▲ 圖 37　林恩成耆老戴自製藤帽。　　▲ 圖 38　林恩成耆老家中牆上吊掛各
2018 月 11 月 1 日，蘇星燕攝。　　　　式藤編與竹編成品。2018 月 11 月
　　　　　　　　　　　　　　　　　　　1 日，蘇星燕攝。

　　藤帽是我自己的手藝，是我阿公、爸爸教我編的。我
辦祭典吟唱、祈福，或有重要場合時會穿戴這頂藤帽。以
前我們泰雅族穿戴這個藤帽，沒有加這個角，頭戴藤帽追
那個野獸的時候，可以穿梭在森林裡面，有保護作用，不
會被刺刺到。還有，到山上以後，可以用那個野柿的汁，
或是山豬血浸泡藤帽，藤帽就不會有洞，可以用來舀水，
不過我這頂帽子沒有做那些處理。

——林恩成

▲ 圖 39　林恩成耆老介紹自編藤帽功能。2018 月 11 月 1 日，蘇星燕攝。

▲ 圖 40　林明福耆老製作的
藤簍及苧麻線織的肩帶。
2019 年 5 月 5 日，楊馥
祠攝。

▲ 圖 41　林明福耆老製作竹篩和魚簍。2019
年 5 月 5 日，楊馥祠攝。

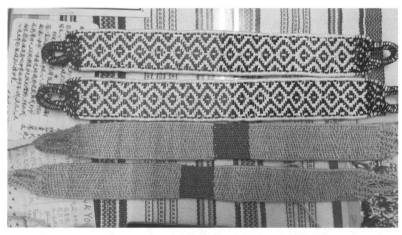

▲ 圖 42　林恩成耆老使用竹弓和梭子編織雙色肩帶。2019 年 5 月 5 日，楊馥
祠攝。

▲ 圖 43　林恩成耆老使用竹弓和梭子編織雙肩帶。2019 年 5 月 5 日，楊馥翎攝。

（二）織布

我年輕的時候對織布不是很熟悉，也不是很專精，但是嫁到了婆婆家之後，我婆婆不斷地教導我，我才會織布，就比較熟練了。

我有織布機和我自己織的布。原先織布機是祖先留下來的，後來掉了，為了紀念祖先做的事情，我借其他老人家以前的織布機去外面訂製，請一位師傅給我一台弄一樣的，不然沒辦法織布。

我這布是真的苧麻做的，現在有的人沒有苧麻，都用毛線。這布有一種織布孔，這個是最珍貴的。他們跟我講，這個麻的一件可以賣一萬，這種的我都分給媳婦，這個織布機也是我送給媳婦的。以前的製成品摸起來很粗糙，我們穿的時候，皮膚都會摩擦，不像現在一般織的都比較好。我現在因為體力的問題，沒有辦法自己織，因為織布腳要伸直。

織布是我從小耳濡目染學會的，因為媽媽每天總是要做這個循環性的織布工作，像我媽媽在砍苧麻、曬苧麻時，我就在一旁學習，學習成熟後，就自己試著編織，自然就會織布了。這沒有年齡限制，看個人的想法，有能力就會做了。

——葉陳阿秀

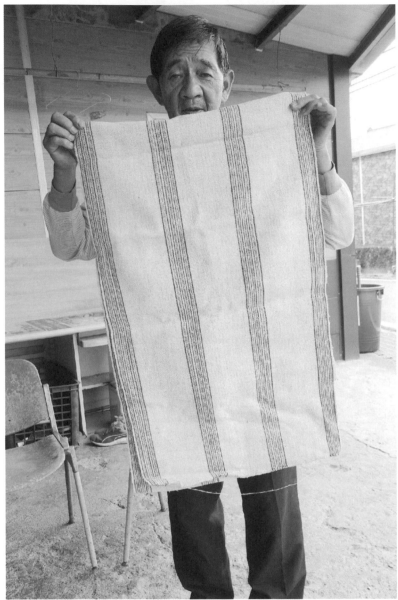

▲ 圖 44　陳松明耆老展示葉陳阿秀耆老親手織的泰雅傳統苧麻布。2018 年 10 月 24 日，游靖儀攝。

　　結婚前，我媽媽已準備家裡的織布機，要教媳婦做織布，但我太太嫁進來之前已經會織布了。以前的婦女很認真，傍晚的時候還要織布，但是沒有電，要用一種松油樹的油脂，還有一些點煤油燈，但是光線太暗了她會停止織布，因為怕織不好會前功盡棄。

　　以前織布要看妳的紋路，做得好他們會讚美妳，做得不好他們說妳這個人智商有問題，他們會互相比較，所以女孩子一定要很細心。

——姜元國

▲ 圖 45　復興區碧織屋王碧珠織女使用傳統地織機和苧麻線織布。2019 年 5 月 17 日，李學主攝，2019 年 12 月 30 日，楊馥裪翻攝。

管理好苧麻是女人的職責

　　女性織布需要遵守 gaga。女人織布的要領是做好細工，假如女人不會織布，會遭人家唾棄。為了織布，女孩子有一重要工作是栽種苧麻，要選好的品種來種，做好管理，細心照顧苧麻，假如不管理，苧麻長不大，麻線的利用價值就不高。

　　從苧麻到織布的過程，有很多重點要注意，比方說苧麻要用灰炭、木灰煮開。木灰是白色的，煮的時候要注意火力，以免一時疏忽煮成燒焦麻，無法漂白獲得白色的線，所以煮苧麻時守著苧麻是女孩子的必要職份。

——陳簡初美

▲ 圖 46　復興區織女王碧珠老師採收苧麻，2019 年 6 月 7 日，楊馥翎攝。

▲ 圖 47　中是木灰漂白後的苧麻線，右則是薯榔（qmaci）染色的線，2019 年 12 月 16 日，楊馥翎攝。

▲ 圖 48 復興區織女王碧珠老師將剝好的苧麻線在苧麻田旁竹竿上掛好、曬乾。2019 年 6 月 7 日，江淑英攝。

珠衣

一到兩件珠衣的價值可以買一隻蓄養的豬，不是山豬。我們祖先講過一句話「珠衣已經滿到一個樓」，那個珠衣高度差不多一個樓那麼高，當你的珠衣滿樓以後，你就可以養育孩子和家人；當你的珠衣滿樓以後，你就可以尋找媳婦。因為珠衣滿樓就有錢，這個就是錢，你就有能力去娶媳婦，你就可以請耆老帶著溫柔的枴杖去找你的媳婦。

女孩子當新娘之前，母親是很重要的。母親在女孩子成長過程中教她編織，特別是母親一定要為女兒預備珠衣，那個珠衣是新娘子穿的衣服。珠衣做得很精緻，這平常不能穿，當女孩子要嫁出去時，母親就把珠衣穿戴在女孩子身上，結婚的時候女孩子身上非常醒目。女孩子在成長中努力編織，編得越多，嫁人時嫁妝多，帶去的也多，表示這個女孩很勤快，是懂得編織、可以養育孩子的女孩子。當你嫁到女方去，就是婆家的媳婦，就是婆家的人，一切你所作的編織技能，都是為了孩子、為了家人、為了婆婆、公公而作，我們泰雅族很重視這個東西。

——林明福

▲ 圖 49　土碧珠為孫子手工製作現代版泰雅貝珠衣背面照。2019 年 5 月 17 日，張晴雲攝，2019 年 12 月 30 日，楊馥褕翻攝。

▶ 圖 50　貝珠衣正面照。2019 年 5 月 17 日張晴雲攝，2019 年 12 月 29 日，楊馥褕翻攝。

（三）日治時期的鐵鋸

　　我們一般生活的用具，像雨具、農事的器具，我倉庫裡面都有留一些。以前泰雅族沒有鐵器，是日本人把鐵器引進來的。我印象最深的是我還保留以前日本來這邊的一把雙人鋸子，是兩個人面對面鋸木頭時使用的。

——高隆昌

▲ 圖 51　復興區立圖書館諚‧吉駱館長手持日治時期雙人鐵鋸。2018 月 10 月 16 日，蘇星燕攝。

六、部落故事

歷史遺漏的部落記憶

（一）部落衝突事件

　　1907 年枕頭山事件，我們泰雅族跟日本和解之後，因為日本教導泰雅族從事農業，部落裡面沒有發生重大的事情。但是，日本走了之後，上下溪口部落發生一件事情。因為大部份下溪口部落的居民是日本政府在大豹社事件發生之後，要求他們集體遷到下溪口，這些遷徙的人比原來溪口部落的還多，雙方沒有很好的互動。

遺憾的婚姻

　　我們部落有一對男女 Losing Yagu 和 Loba Umaw，沒有經過父母雙方同意就互相來往。他們夫妻結婚好幾年，夫妻倆人都是下溪口的，原本他們在不同的部落生活，男方本身就住在下溪口，女方是婚後才遷到這邊來，但一直都沒有孩子，因為那個男方 Losing 不能生，女方的叔叔 Tanga Watan 認為姪女嫁給這個男人有什麼意義？要他們解開這個婚姻，直接把女方帶走，不要讓他們在一起。其實那個太太很想回先生家，就是她叔叔不同意。

　　由於這件事沒有處理好，先生 Losing 覺得活著失去意義，想帶他的太太 Loba 一起走，有一天先生一大早起來把刀磨好，等太太單獨到對面山頭耕作回來的時候，他躲在底下，當場把妻子殺了，之後到一山谷自盡。

　　為了這次事情，我們請派出所約出來談判，當時住在下溪口的一位大警察，也算是我的表叔，為了這個婚姻案

件，可能沒有處理好，在分駐所談判時，發生了話題爭執，說了一些讓 Tanga Watan 很不愉快的話，所以我表叔講：「這樣子好了，你不高興的話，就在上下溪口中間碰面。」意思是我們來廝殺。原住民的個性就是這樣，有勇氣跟剽悍的心，誰都不服誰。那個事情以後，上、下溪口差一點互相廝殺。

當時，有一個原來就住在下溪口部落的長輩耆老，不是後來才遷進來的人，由他來傳遞訊息，跟溪口部落的耆老互相談判，經過傳遞訊息以後，雙方好像有一點緩和。當那一天要發生事情的時候，已經進入準備要廝殺的狀態，連我爸爸晚上睡覺，都是把刀子放在枕頭底下，隨時要拿出來，還好那一天沒有發生事情。

後來他們直接到派出所找當初的肇事者，就是我那個口出惡言的表叔，八成由他引起這件事的人。他那時候躲在家裡房子，不敢出來，由我們耆老跟底下的耆老和男方家人互相談判，還好談判得很好，因為男方有養豬，就把三頭豬殺了，大家一起吃，贖那個罪，把這個事情和解。以前很多事情都是用豬當作和解的媒介。所以上、下溪口人廝殺的事情沒有發生，這是我記憶裡面曾經發生的事。

——林明福

（二）國民政府接收後

蔣公命名溪口台

以前日本投降，國民政府來了以後，蔣公也曾經到過溪口，是我的曾祖父 Hola Turay 做接待。蔣公當時問：「你們需要什麼幫忙？」曾祖父說：「我們需要水泥，請協助我們修建部落水圳。」有水圳以後，蔣公答應供給他們水泥，把水圳從長興、奎輝那邊引到這邊。

以前溪口這個地方很美，日治時期已經知道，溪口是按照地勢，就像一個水的口一樣，所以叫做溪口，在日本時候叫げこらい，げこらい的げ是溪，口就是こ，げこらい，泰雅名字不叫溪口，叫 Rahaw，是蔣公來了之後才稱為溪口。蔣公行館就在復興對面，蔣公看這個地方很像他在浙江省奉化縣的故鄉，就命名這個地方為溪口台。

這個溪口形成前，祖先已經住在高坡上面。日本來這邊開闢水田區後，我們才搬下來，不是直接就跳過來的。我們到這邊居住至今大概有一百到一百五十年了。這裡以前不是農田，是日本來了以後，才做為農田區，把他們召集到這邊做開墾農。居民有兩個部分，一個是從高坡下來，還有一群是從大豹溪、三峽那邊，也是林家。

姓氏由來

我們泰雅以前沒有姓氏，國民政府來了後，他說：「你要姓什麼？」我要姓林、我要姓陳，是這樣決定姓氏

的，所以看泰雅族的姓氏追溯過去祖先來源不準，我們不像閩南有宗親祖先，我們是依據泰雅族譜自己算出來的。

祖輩的歷史文物被破壞殆盡

國民政府來了以後，有他們的施政方針，我們只有依循，要我們做什麼，我們就跟著做，所以我們也接受國語教育、國民教育。可是國民政府把一些紀念性質的東西，像紀念碑整個都破壞殆盡，甚至以前高坡那邊，有一個大石頭裡有日本的紀念文章，通通被打掉，趕盡殺絕，不留痕跡，這個原本是要傳給泰雅的後代子孫，讓他們知道這是日本時代做的東西，因為那些文章都刻著祖先的名字，他們的辛勞、他們的付出都在那裡，這個應該要留給後代子孫當作紀念，真的很可惜，這會讓我們的祖先比較寒心。不只是泰雅族，幾乎原住民部落都一樣，現在都沒有留了，這些我們要用口傳，很難。

——林恩成

高義的槍擊事件

我這邊曾經發生過一件大事。這邊的警察跟住民不知道什麼原因，大概是在路上起爭執，就在那邊吵架、打架，結果一個外省警察因為不甘願，就去這裡對面的派出所拿槍，就是我們剛來轉的第一家這裡，剛好我們這個部落要談論事情的時候我趕到了，有一個姓李的，也當過村

長，剛退伍的第一天到家裡，警覺性知道那個警員到這個場合裡面帶了槍，正要做事情的時候，那個姓李的趕快制止，把手打掉，槍就掉下來，掉下來以後那個警察就要躲了，他就往地上射子彈，沒有傷及無辜，後來他還是守著槍。

他那時候年輕，還沒娶老婆，血氣方剛，他最勇敢，就是在這個住家，他追著這個警察，追到以後把槍搶回來，不給警察，高義部落的人跟他一起，把這槍枝送到新竹法院，因為這裡走出去會到新竹，當然最後那個警察也差不多了，這也是我最難忘的事情。

——姜元國

白巫與黑巫

我一生中對我們泰雅的女巫醫印象最深刻。白醫是好的，黑醫是不好的、會害人。有一個老太婆，我們不知道她的法力怎麼來的，但是她會做法術。她會夾著一個像是珠子的東西，邊用手搯，嘴巴邊唸咒，以現在宗教是禱告，但是唸詞不一定是好的，假如她的珠子搯了掉下去，就代表不成功，這時她會說：「這個不靈啊！我要求你給一頭豬。」女巫醫會要求這個病人家先殺牲畜求靈驗，給一頭豬也好，雞也好，布匹也好。作法不一定只有一次，可能兩次到三次，最後這個病患有成功，也有不成功的，這就是所謂的白巫巫術。

　　另一種黑巫（mhuni）會詛咒人、害人，比方說，看到妳帶包包，她會笑裡藏刀，讚美說：「小姐妳好漂亮又好溫柔。」但是她心裡是想要妳包包裡面的東西，假如妳不分享、不拿給她，擦身而過，大概一小段時間，妳可能會在路上吐血死亡，假如妳過去覺得身體好不舒服，告訴旁邊的人說：「怎麼我碰到她我身體就不舒服。」跟妳作伴的人知道是黑巫詛咒妳，妳才不舒服，就知道他是黑巫。假如作伴的是媽媽，會趕快回來問那黑巫：「咦？我的女兒好好的，怎麼經過妳這邊，她突然間就不舒服，甚至於瀕臨死亡的狀態？是不是妳詛咒我的女兒？」她會說：「沒有！沒有！」當被妳知道她有巫術、會害人時，她心裡面也會怕，也會後悔，所以妳們走過以後，她就用巫術還原，之後妳就會馬上恢復。這個東西到目前為止還沒有科學依據可以了解它是什麼法力。

　　據說她會養個小鴿子、鳥，或者是鐵器。假如說你知道她那邊藏有這個東西，你把它破壞掉，或者是她把鐵器藏在一個很隱密的地方，你把它拿掉，那個法力就沒有了。

──陳簡初美

巫師醫治父親無效

我們泰雅族人以前很少生病，小時候也沒有什麼大病，大概是免疫力強，一個小傷拿草藥放一放就好了。但是，就算真的生大病也沒有大醫院，就是找巫師治病。我爸爸當兵回來時生重病，我媽媽就請一個巫師，拿一種珠子作醫治，但是後來沒有成功，爸爸第二天就過世了。

——葉陳阿秀

巫師作法醫病

過去我們部落的人生病，一定要請巫師。巫師在做法術的時候，用一根細竹竿，拿一個橢圓形的玻璃珠子放在竹子上，假如神明垂聽她的法術，這個珠子就會停在這根細竹子上。這個我自己也覺得很奇怪，怎麼可以把一個玻璃珠固定在細竹竿上？固定的話表示有成效，祂的法力成功，會醫治你的病。

巫師作法會作幾次，作法時，嘴巴會唸：「utux（祖靈）要醫治他的病」，也會說：「utux 您大概要什麼？」意思是問神明要一隻雞、布匹，還是豬？巫師做這個法術後，你一定要把 utux 要求的東西給巫師，他要求雞就給雞，要一頭豬你就拿豬給他，這樣你的病才會好，那個巫師作法是當時唯一的依靠。但是，基督教來了之後，我們就改用禱告來醫病。

——姜元國

黑巫害人

黑巫是我們泰雅族人最怕的，我們巴陵也有黑巫，她害很多人，引誘我們這邊兩個泰雅壯丁到山上去狩獵，結果這兩個小孩到山上都猝死，後來他們的家族就把那個黑巫活活燒死，從那之後巴陵部落就沒有巫術了。那時候有最多巫術的是宜蘭大同鄉的四季。

——陳松明

（三）猴子除頭蝨

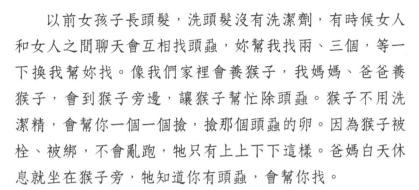

以前女孩子長頭髮，洗頭髮沒有洗潔劑，有時候女人和女人之間聊天會互相找頭蝨，妳幫我找兩、三個，等一下換我幫妳找。像我們家裡會養猴子，我媽媽、爸爸養猴子，會到猴子旁邊，讓猴子幫忙除頭蝨。猴子不用洗潔精，會幫你一個一個撿，撿那個頭蝨的卵。因為猴子被栓、被綁，不會亂跑，牠只有上上下下這樣。爸媽白天休息就坐在猴子旁，牠知道你有頭蝨，會幫你找。

——范振興

我們家裡養猴子，第一個原因是好看，第二個原因是要找頭蝨。以前山上設陷阱抓到猴子，因為小猴子好可愛，不忍心把牠斬掉，所以帶回家養，照顧牠，把牠當作觀賞用，小孩子也喜歡看猴子，大概每一家都會有，因為有的人不吃猴子，有的不忍心，因為牠很像人猿。我媽媽不吃猴子，只有男人，男人太無情，看到就殺。

猴子會幫忙我們抓頭蝨，因為頭蝨夾在一根根頭髮之間，很難拔，猴子必須順便把頭髮一根根梳開。一個女人不漂亮，猴子會給你打扮得很漂亮。這是過去生活的寶貴印象，記在腦海中永遠跑不掉。

——陳松明

（四）童年過錯，牢記一生

　　我童年曾經發生過一件最糟糕的事，我記得當時媽媽教我怎麼舂米，因為我年輕時為了求快、不費力，舂米時常常把米粒灑在地上，所以舂出來的米都比較少。另外，以前山上做的小米，都是一整把、一串的，我小時候因為好玩，有一次下雨天忘了把外面曬的小米收進來。小米不能弄濕，一弄濕就會發芽，就會蹧踏這食物。

　　以前媽媽會把小米捆成一把、一把，回來的時候算有幾把。有次下雨，因為我的疏忽少了幾把，我怕媽媽發現，就把一些成把漏掉的部分，臨時湊和起來，媽媽回來後覺得很奇怪，就說：「本來有 35 把，怎麼變成只有 33 把？」過去因為年輕、好玩，疏忽掉這個，成了我記憶裡非常深刻的事。

──陳簡初美

▲ 圖 52　作者訪談陳簡初美耆老。2018 月 10 月 16 日，蘇星燕攝。

（五）最擅長歌舞的泰雅人

　　我們復興區有一位吳承安 (音譯) 很有名，很會跳舞和唱歌，也會做很多樂器，是我們復興區泰雅族最擅長歌舞的人，我們叫做やました，按照翻譯的話叫做山下。吳承安是從這邊搬到三民的，後來台北烏來有一個歌舞的地方，他都會去那邊教學。

——姜元國

▲ 圖 53　作者訪談姜元國耆老。2018 月 10 月 24 日，游靖儀攝。

表1　泰雅語重要詞彙對照表 -1

類別	中文名	泰雅語	說明
生活禮俗	紋面	ptasan	具備生活技藝者在臉上刺青的傳統習俗，代表榮耀的印記。
生活禮俗	提親	smzye	男方邀請部落裡德高望重的耆老，幫忙到女方家談親事。
生活禮俗	結婚	ppsqun	一男一女決定終生共同生活的合法結合。
生活禮俗	嫁妝	prasan	新娘結婚後贈送男方家族女人的禮物，及回娘家後攜帶日常所需物品。
生活禮俗	回娘家	smlhaw yaya	新娘返回娘家重溫親情，並拿取重要物品。
生活禮俗	釀酒	mqwaw	用小米釀製的小米酒（qwaw trakis），重要場合必備。
物質文化	瞭望台	r'ra'	防禦、監視外敵、男女約會的重要會所。
物質文化	織布	tminun	傳統泰雅女性必學的生活技能。
物質文化	貝珠衣	lukkus-pintoan	以硨磲製成圓柱狀貝珠，綴於苧麻織布上，為貴重服飾，也可作為貨幣使用。
物質文化	網袋	tokan	男性打獵用揹帶，用肩帶（wakil）揹獵物或平常外出用。
物質文化	藤簍	kiri	用來揹玉米、芋頭、地瓜的藤製簍子。
物質文化	竹簍	a'bun	用來裝小米、稻米，嫩竹製，緊密沒有縫隙的簍子。

表 2 泰雅語重要詞彙對照表 -2

類別	中文名	泰雅語	說明
信仰祭儀	祖先規範 祖訓	gaga	泰雅族傳統社會人們需遵守由祖先流傳下來的重要規範和誡律，包含祭典、習俗、禁忌等。
信仰祭儀	和解	sinbalay	耆老以和議方式還原真相，解決部落發生爭議。
信仰祭儀	換工	sbayux	大工程時，互相為對方工作作為交換。
信仰祭儀	祖靈 神靈	utux	泰雅族人祭祀祖先的靈魂，掌管人間吉凶禍福。祂嘉許善行，賜幸福給好人；憎惡惡行，降災禍給惡人。
信仰祭儀	占卜鳥	siliq	繡眼畫眉，可預知吉兇。
信仰祭儀	巫醫	hmgup	泰雅族傳統的巫術醫療。
信仰祭儀	播種祭	sm'atu	小米播種前儀式，向祖靈祈求豐收。
信仰祭儀	馘首	m'gaga	執行傳統儀式或部落習慣。
社會組織	共食團 牲團	qutux niqan	透過共同飲食形成具凝聚力的團體。
民族植物	小米	trakis	傳統泰雅族人的主食。

國家圖書館出版品預行編目資料

泰雅生活誌 / 楊馥祤編著；——初版.——台中市：
晨星發行，2020.05
面；公分.——（台灣原住民；066）

ISBN 978-986-443-998-0（平裝）

1. 泰雅族 2. 民族文化 3. 口述歷史

536.3311   109003810

台灣原住民
66

泰雅生活誌

作者	楊 馥 祤
主編	徐 惠 雅
校對	楊 馥 祤 、 徐 惠 雅 、 游 靖 儀
內頁排版	林 姿 秀

創辦人　陳銘民
發行所　晨星出版有限公司
　　　　407台中市西屯區工業30路1號1樓
　　　　TEL：04-23595820　FAX：04-23550581
　　　　行政院新聞局版台業字第2500號
法律顧問　陳思成律師
初版　西元2020年05月06日

總經銷　知己圖書股份有限公司
　　　　（台北）106台北市大安區辛亥路一段30號9樓
　　　　　　　TEL：02-23672044　FAX：02-23635741
　　　　（台中）407台中市西屯區工業30路1號1樓
　　　　　　　TEL：04-23595819 FAX：04-23595493
　　　　E-mail：service@morningstar.com.tw
　　　　網路書店 http://www.morningstar.com. tw
讀者專線　02-23672044 / 02-23672047
郵政劃撥　15060393（知己圖書股份有限公司）
印刷　上好印刷股份有限公司

線上回函

定價 350 元
ISBN 978-986-443-998-0